창업자
와
투자자

창업자와 투자자

초판 1쇄 인쇄	2025년 3월 28일
초판 1쇄 발행	2025년 4월 4일
지은이	전석우·투잘
편집	권정현
마케팅 총괄	임동건
마케팅 지원	안보라
경영 지원	이순미
펴낸이	송준기
펴낸 곳	파지트
디자인	페이퍼컷 장상호
출판 등록	제2021-000049호
주소	경기도 화성시 동탄원천로 354-28
전화	070-7672-1001
팩스	02-2179-8994
이메일	pazit.book@gmail.com

ISBN 979-11-7152-085-5 03320

창업자 와 투자자

Founders and Investors

전석우·투잘 지음

결국, 돈이 필요한 두 집단의 오해와 착각

pazit

투자자는 돈에 영혼을 판 사람들이고,
창업자는 말만 그럴듯한 사기꾼이다?

제목에서와 같이 투자자와 창업자들 사이에 있는 입장에서 나는 양쪽의 이야기를 빈번하게 듣고는 한다.

창업자들은 투자자들에게 항상 돈만 밝히는, '돈에 미친 사람들'이라는 표현을 하기도 하고, 계약서나 문서만으로 모든 걸 해결하려는, 심지어 창업자나 사람들을 이용해서 날로 먹으려는 악마와 같은 존재들이라고 폄훼한다.

투자자들이 말하는 창업자들은 또 어떤가?

창업자들에게 많이 투자한 투자자들은 대부분 창업자들의 말을 100% 믿지 말라고 이야기한다. 사기꾼과 사업가의 차이가 한 끗 차이라고 이야기를 하며 창업자들은 대부분 투자자들이 말한 것을 지키지 않는다며 술자리에서 비난하는 경우가 있다.

창업자는 사업을 성장시키기 위한 돈/자원 마련을 위해 투자자를 필요로 하고, 투자자는 본인들이 투자한 자본을 바탕으로 크게 성장시켜 줄 창업자를 찾는 사이이기에 두 조직은 필수불가결하게 서로 자주 만나고 함께 있어야 하는 구성원들이다.

　그런데 왜 둘은 이렇게 서로를 비난하는 경우가 많을까?

　'100% 성공하는 창업'이라는 방법은 없다. '10배 이상 수익 내는 투자법'과 같은 전략은 이 세상에 존재하지 않는다. 이 책은 사업과 투자에 대한 정답을 제시하는 대신, 창업과 투자의 전체 과정에서 발생하는 문제들을 현실적으로 이해할 수 있도록 4개의 단계로 나누어 설명하고 있다.

　첫 번째 챕터 '창업 그리고 팀'에서는 창업 초기에 혁신적인 아이디어만 있으면 된다고 착각하는 창업자 그리고 완벽한 사업계획서를 요구하는 투자자의 이야기를 담았다. 흔히 투자자들이 말하는 "아이디어는 중요하지 않다"는 말의 진짜 의미도 확인할 수 있다.

　두 번째 챕터 '첫 매출 그리고 투자'에서는 첫 투자를 준비하는 투자자들이 싫어하는 정부과제, 창업자들이 두려워하는 투자계약서까지 실제 현장에서 벌어지는 이야기들을 전한다. 투자자가 진짜 원하는 것과 창업자가 진짜 준비해야 할 것에 대해서도 확인할 수 있다.

　세 번째 챕터 '계약 그리고 성장'에서는 회사가 성장하기 위해 투자 이후에 찾아오는 새로운 고민들을 정리해 보았다. 대기업과 협력해야 할지, 직원들에게 스톡옵션을 줘야 할지, 심지어 사업 방향을 바꿔야 하는지까지. 이런 선택의 순간마다 투자자와 창업자는 어떤 다른 생각을 하는지 들여다본다.

마지막 챕터 '상장하거나 사라지거나'에서는 결별의 순간을 다룬다. 성공적인 상장이든 M&A든 또는 실패로 인한 청산이든 모든 관계는 끝을 맞이한다. 이때 투자자와 창업자가 준비해야 할 것들 그리고 서로에 대해 가지는 마지막 생각들을 공유한다.

각 챕터에서는 창업 과정에서 발생하는 문제를 각 집단이 어떻게 바라보는지, 왜 그런 이해관계를 가지고 있는지, 왜 그렇게 대화하고 질문하는지를 보여준다. 독자의 입장에서는 어떤 부분은 투자자들의 의견에 동의를 할 수도 있고, 다른 부분은 창업자들의 일반적이지 않은 독특한 의견에 고개를 끄덕일 수도 있다.

이 책에서 전하는 이야기들이 모든 상황에 들어맞지는 않을 것이다. 하지만 이를 통해 창업자와 투자자가 서로를 조금이라도 더 이해하게 된다면, 그래서 더 나은 스타트업 생태계가 만들어진다면, 이 책의 역할은 충분히 달성된 것이라 생각한다. 이를 어떻게 개인적으로 활용할지는 전적으로 독자에게 달려 있다.

2025년 3월
전석우, 투잘

**Founders
and
Investors**

CONTENTS

Founders and Investors

창업 그리고
팀

1-1
아이디어는 중요할까?

투자자

"당신의 아이디어는 그렇게 특별하지도,
중요하지도 않습니다."

많은 창업자들은 창업의 시작을 '아이디어'에서 찾는다. 일상생활 속에서 떠오르는 획기적인 생각들이 창업의 씨앗이 되고, 이 아이디어가 자신만의 특별한 발견처럼 여겨지면서 사업에 대한 확신을 키우는 계기가 된다. 그래서 이를 몇 번 검색해 보고, 주변 사람들과 이야기하면서 "이거 정말 될 것 같아!"라며 흥분을 감추지 못한다. 하지만 현실은 예상보다 냉정하다. 가까운 투자자들은 아이디어에 대해 부정적 반응을 보이고, 누군가는 비슷한 아이템을 이미 시도했거나 실패한 사례를 알게 되면서 처음의 열정이 흔들리기도 한다.

그럼에도 불구하고, 아이디어를 기반으로 창업을 준비하는 사람들은 많다. 새로운 시도를 향한 열정과 그 아이디어에 대한 자신감은 창업의 중요한 동력이기 때문이다. 그런데 투자자의 입장에서는 상황이 다소 다르다. 투자자는 이미 다양한 스타트업과 기업들을 만나왔고, 다양한 아이디어를 들어보았기 때문에 창업자의 아이디어가 과연 새로운지, 실현 가능성이 있는지를 객관적으로 검토할 수 있는 환경에 놓여 있는 경우가 많다.

세계 최초라고 이야기하지만,
이미 10번은 들어 본 아이디어들

물론 투자자가 세상의 모든 아이디어 또는 사업아이템을 알지는 못하지만, 다양한 기업을 만나는 투자자의 입장에서 보면 해당 아이디어는 대부분의 경우 정말 많은 사람들이 이미 10번 이상 이야기한 경우가 허다하다.

실제로 스타트업 창업 행사를 가 보면, 시대의 흐름을 따라 유사한 아이템들이 우후죽순으로 등장하는 걸 볼 수 있다. 스마트폰 보급이 가속화되면서 다양한 모바일 플랫폼과 앱들이 쏟아졌고, 코로나19 팬데믹 동안 비대면 서비스가 인기를 끌었으며, 최근엔 인공

지능AI과 관련된 기술들이 창업 아이템의 주된 흐름을 이루고 있다. ChatGPT나 대형 언어 모델LLM과 같은 최신 기술이 공개된 이후에는 이들을 활용한 서비스와 관련 인프라가 특히 많이 등장했다. 그때그때 각자가 주장하는 서비스의 컨셉은 다들 매우 비슷한데, 창업자들은 한 명도 빠짐없이 모두 자기들의 성공을 주장한다.

간혹 일부 창업자들은 세상에 없는 특별한 아이디어라며 자신의 가치를 높이 평가하지만, 대부분의 경우 이미 시장 내에 유사한 시도들이 있었거나 경쟁자들이 존재한다. 그리고 설령 새로운 기술이나 특허가 있다고 해도, 투자자들은 그 기술 자체보다 그 기술의 사업화 가능성에 더 큰 관심을 갖는다. 결국, 아이디어만으로 성공을 보장하기 어렵다는 것을 이해하고, 구체적인 실행 방안이 뒷받침되어야 한다는 점에서 투자자의 관점은 차별화된다.

그럼 투자자들이 생각하는 좋은 아이디어는 무엇인가?

새로운 아이디어는 물론 중요하지만, 그 아이디어를 실현할 수 있는 구체적인 계획과 창업자의 추진력이 더 중요하다. 따라서 투자자는 아이디어의 창의성보다는 창업자가 시장 내에서 그 아이디어를 어떻게 실현해 나갈 것인지, 어떤 전략을 가지고 있는지를 확인하고 싶어 한다.

  투자자가 좋은 아이디어로 평가하는 기준은 단순한 신선함을 넘어선다. 투자자는 아무도 모르는 창업자 혼자만의 획기적인 아이디어도 좋지만, 앞서 설명했듯이 그 아이디어 하나만으로 온전히 성공할 수 있다고 믿지 않는다. 따라서, 아이디어 자체보다는 창업자가 시장 내에서 그 아이디어를 어떻게 실현해 나갈 것인지, 어떤 전략을 가지고 있는지를 확인하고자 하며 각 단계에 대해서 꽤나 구체적이고 논리적인 설명을 원한다.

  투자자들이 주로 묻는 질문들은 다음과 같은 요소들을 포함한다.

1. 창업의 계기Founder
문제 인식, 시장의 비효율, 창업의 모티베이션 등

2. 그 아이디어/아이템이 있는 시장이 큰지Market?
현재 존재하는 관련 시장의 규모TAM/SAM/SOM, 향후 시장의 변화 및 성장 가능성 등

3. 그 아이디어를 통해서 어떻게 돈을 벌 수 있는지, 사업모델Business

Model?

잠재 고객 분석, 고객 획득 전략, 시장 진입 전략, 가격 전략 등

4. 그 아이디어를 창업자와 해당 팀이 가장 잘 수행할 수 있는지? Team member & Strategy

대표이사 및 팀 멤버의 해당 사업 관련 이력 및 성공 경험, 경쟁 우위 전략, 사업 확장 전략 등

5. 그 아이디어를 구현하기 위해서 얼마만큼의 시간과 돈이 필요한지? Financial Projection

회사의 향후 수년간 재무 예상, 회사의 마일스톤별 소요 비용 예상 등

결국, 투자자들이 창업자의 아이디어를 바라보았을 때, 창업자에게 있어 단순한 발상에서 끝나는 것이 아니라, 그 아이디어가 시장에서 살아남을 수 있도록 세심한 준비와 노력이 뒤따르는 것이 성공적인 창업의 필수 요소인 것이다.

투자자가 추천하는 사업계획서 작성 방법

사업소개IR, Investor Relations자료 작성의 기본 원칙과 방향성에 대해서는 매쉬업벤처스의 이택경 대표가 작성한 '투자 유치를 위한 사업계획서 작성 방법'이 매우 유용한 참고자료가 된다. 실제 초기 투자자의 관점에서 바라본 IR자료의 핵심 요소들을 상세히 다루고 있어, 창업자들에게 실질적인 가이드라인을 제공할 수 있다.

1. 투자자가 식상하다고 느낄 부분은 줄이고 궁금해할 부분에 집중해야 한다.

본론과 핵심으로 빨리 들어가는 것이 좋으며, 우리만의 차별점과 전문성을 제대로 보여줘야 한다. 생소한 영역이나 어려운 기술 분야의 경우 상세한 설명이 필요할 수 있다. 첫 미팅 자료는 15장 내외, 투자심의위원회를 본격적으로 진행하기 이전 IR 발표 자료는 30장 이상이 될 수 있다.

2. 'What'과 'How to'를 모두 명확히 제시해야 한다.

목표뿐만 아니라 그것을 달성하기 위한 구체적인 전략도 함께 제시해야 한다. 예를 들어, 목표 시장과 고객군, 성장 단계별 계획, 경쟁사와의 차별점, 마케팅/영업 전략 등 구체적인 실행 방안을 설명해야 한다.

1

3. 지나친 논리적 비약이나 과장은 피해야 한다.

객관적인 데이터와 설득력 있는 논리적 근거를 바탕으로 경쟁력, 목표 시장규모, 미래 예상 지표를 설명해야 한다. 선택과 집중 없이 모든 것을 잘하겠다는 주장(창업자들이 자주 이야기하는 대표적으로 실수하는 사례)은 피해야 하며, 구체적이고 명확한 표현을 사용해야 한다.

4. 단계적인 로드맵을 제시해야 한다.

현재 단계에서 검증된 가설과 지표, 다음 단계의 목표와 전략을 구체적으로 설명해야 한다. 먼 미래의 계획보다는 현실적이고 구체적인 계획에 집중해야 한다. 가능하면 정량적인 로드맵을 만들어야 설득력을 높일 수 있다.

5. 적절한 스토리텔링을 활용해야 한다.

창업 동기, 시장 현황, 고객 문제 등에 대해 적절한 스토리텔링이 있으면 좋다. 구체적인 사례와 함께 고객의 평점이나 반응/리뷰 등을 서술하면 더 현실적이고 효과적으로 전달할 수 있다. 투자자도 단순 정량적인 내용보다 정성적인 상황에 반응하는 경우가 많다.

6. 텍스트와 시각 자료를 조화롭게 사용해야 한다.

적절한 레이아웃, 폰트, 이미지를 사용하여 가독성을 높여야 한다. 기술적으로 이해가 어려운 부분은 데모 동영상이나 스크린샷 등을 활용하면 효과적이다. 초등학생에게 설명할 수 있는 사업계획서를 쓴다고 생각하자.

7. 어깨에 힘을 빼고 본인 스타일대로 자료를 만들어야 한다.

자료를 포장하는 것에만 너무 신경 쓰지 말고, 솔직한 키워드로 장점을 정리한 후 문장으로 발전시켜 자료를 만들면 된다. 실제로 잘하는 것을 투자자에게 담백하게 제대로 알리는 것이 효과적일 수 있다.

8. 예상 Q&A 자료를 미리 부록에 넣어두면 좋다.

이는 스타트업이 관련 이슈를 미리 고민했다는 인상을 줄 수 있다. 반복되는 질문은 본문에 반영하여 보완하고, 투자자의 피드백에 따라 IR 자료를 지속적으로 업데이트해야 한다.

글의 내용을 읽어본다면 누구든지 이해는 할 수 있지만 실제 IR 자료에 반영하여 작성했는가는 쉽게 답변하기 어려운 항목들이다 (마치 연애 잘하는 10가지 방법 등처럼). 해당 항목을 전부 작성한 IR 자료를 만들기는 어렵겠더라도 최소한 해당 내용들을 반영하여 IR 자료를 작성하기를 창업자들에게 권장한다.

창업자

"아이디어는 중요하지 않다면서,
아이디어가 별로라고 투자하지 않는 투자자들!"

　투자자들 사이에서 '아이디어는 중요하지 않다'는 인식이 널리 퍼져 있지만, 이는 창업 현실과는 상당히 동떨어진 관점이다. 실제 스타트업의 성공에는 혁신적인 '아이디어'와 이를 실현하기 위한 '운영 역량'이 모두 중요하다. 훌륭한 아이디어라도 실행력이 부족하면 성공하기 어렵고, 뛰어난 실행력이 있더라도 차별화된 아이디어 없이는 지속 가능한 경쟁우위를 확보하기 힘들다. 여기에 시장 상황, 경쟁 환경, 규제 변화 등 수많은 외부 변수들이 복합적으로 작용하지만, 많은 투자자들이 이러한 요소들의 상호작용을 제대로 인지하지 못하는 경우가 많다.

투자자들이 보이는 모순적 행동의 핵심에는 사업 아이디어에 대한 과신過信이 자리 잡고 있다. 많은 투자자들은 '아이디어보다는 창업자의 역량이나 산업의 성장성이 더 중요하다'는 원칙을 강조하면서도, 실제 투자 거절의 이유로 '창업자의 아이디어가 별로라서'라는 답변을 자주 내놓는다. 이러한 이율배반적 태도의 근본에는 투자자들의 과도한 자신감이 있다. 그들은 짧은 시간 동안 아이디어를 듣는 것만으로도 해당 사업의 모든 측면을 파악하고 평가할 수 있다고 믿는다.

하지만 현실은 이와 매우 다르다. 겉보기에 단순해 보이는 사업 아이디어라 할지라도, 이를 실제로 구현하고 운영하기 위해서는 해당 산업에 대한 깊은 이해, 전문적인 실행 역량 그리고 다양한 운영 노하우가 필요하다. 투자자들이 '쉽게 할 수 있을 것 같다'고 생각하는 많은 사업들이, 실제 운영 단계에서는 예상치 못한 다양한 난관과 복잡성을 내포하고 있다.

1

짧게 이야기할 수밖에 없는 창업자의 아이디어,
그것만 듣고 판단하는 투자자들

투자자들과의 첫 미팅에서는 보통 10분이나 30분 내외의 제한된 시간 안에 사업을 설명해야 하는 상황에 놓인다. 이처럼 짧은 시간 동안 사업의 모든 측면을 상세히 설명하는 것은 현실적으로 불가능하며, 창업자들은 자연스럽게 사업의 핵심 아이디어를 먼저 함축적으로 전달한 후, 시장 성장성, 개인의 전문성, 사업 경험 등 더 깊이 있는 이야기들을 이어 나가는 구조를 선택하게 된다.

그러나 이러한 시간적 제약은 투자자들이 해당 사업을 지나치게 단순하게 이해하게 되는 원인이 되기도 한다. 결과적으로 투자자들은 압축된 형태로 전달받은 사업 아이디어를 '한번쯤 들어본 평범한 아이디어'로 치부하게 되는데, 이는 실제 해당 사업이 가진 깊이와 복잡성 그리고 창업자의 전문성과 통찰을 제대로 이해하지 못하게 되는 결과로 이어진다.

전문성의 한계를 인정하지 않는 투자자들

투자자들은 대개 자신의 과거 투자 경험이나 직무 이력을 통해 특정 산업 분야의 전문성을 보유하고 있다. 하지만 신과 같이 모든 산업을 깊이 있게 이해하는 전지 전능한 전문가는 존재할 수 없으며, 이는 투자자들도 예외가 아니다. 따라서 어떤 투자자가 명백히 전문성이 부족한 산업 분야임에도 아이디어의 실현 가능성이나 가치를 폄하한다면, 이러한 평가를 지나치게 심각하게 받아들일 필요는 없다.

이러한 상황에서는 오히려 해당 산업이나 기술의 전문적인 용어와 구체적인 메커니즘을 상세히 설명해 보는 것이 효과적일 수 있다. 많은 투자자들은 이런 상황에서 기술을 진정으로 이해하려 하기보다는 이해한 것처럼 행동하는 모습을 보이게 되며, 이는 그들이 해당 분야에 대한 깊이 있는 이해가 부족함을 간접적으로 드러내는 결과를 얻기도 한다.

결국 창업자는 투자자의 아이디어나 기술에 대한 비판을 두려워할 필요가 없다. **오히려 그들의 전문 분야가 무엇인지 파악하고, 그에 맞춰 소통 전략을 조정하는 것이 더 현명한 접근이 될 수 있다.** 진정한 전문성을 가진 투자자라면 해당 분야의 복잡성과 도전과제를 이해하고, 더 깊이 있는 논의를 이어 나갈 것이기 때문이다.

"Launch fast and iterate. It's a big mistake to treat a startup

1

as if it were merely a matter of implementing some brilliant
initial idea. As in an essay, most of the ideas appear in the
implementing. —Paul graham, Startup in 13 sentences."

"스타트업을 단순히 훌륭한 초기 아이디어를 구현하는 문제로
취급하는 것은 큰 실수이다. 대부분의 문제는 구현 과정에서 나타
난다."

　　—폴 그레이엄Paul Graham, 와이컴비네이터Y- Combinator 창업자

"Ideas are cheap. Ideas are easy. Ideas are common.
Everybody has ideas. Ideas are highly, highly overvalued.
Execution is all that matters."

"아이디어는 싸다. 아이디어는 쉽다. 아이디어는 흔하다. 모든
사람이 아이디어를 가지고 있다. 아이디어는 아주 아주 고평가 되
어 있는 것이다. 실행이 모든 것을 의미한다."

　　—케이시 나이스텟Casey Neistat, 빔Beme 창업자

1-2
투자, 꼭 받아야만 할까?

투자자

"당신은 장사꾼인가요,
기업가인가요?"

장사꾼과 기업가의 차이는 무엇일까. 장사를 폄하하려는 것이 아니다. 국내에서 소상공인이라고 불리는 분들은 주로 본인의 자본과 능력을 활용해 서비스를 제공하고 수익을 창출하며 사업을 이끌어 가는 분들이다. 이들 중에는 상당한 성공을 거둔 사람들도 많다. 하지만 이와 동시에 우리는 그 방식에 따라 '장사를 하는 것'과 '기업 경영'의 차이가 다소 존재한다는 것을 알 수 있다.

그렇다면 왜 투자사들은 인기 많은 고깃집이나, 지역에서 유명한 커피숍에 투자하지 않을까? 10억을 투자해서 매년 1억씩 가져올 수 있는 사업으로 안정적인 수익 구조를 보장해 주는 다수의 사업들이 있지만, 벤처 투자에서는 왜 이런 투자 건을 선호하지 않을까?

'인기 많아 돈 잘 버는' 고기집보다는
'시스템이 구축된 확장 가능한' 고기집

장사꾼이든 기업가든 이윤 추구라는 목표는 같지만, 두 역할의 본질적인 차이는 '시스템화'와 '확장성'에서 나온다. 장사꾼이 주로 개인의 경험과 역량에 의존해 사업을 유지한다면, 기업가는 개인의 역량을 시스템화하여 사업의 확장 가능성을 키워 나간다. 이러한 차이는 투자자의 관점에서 매우 중요한 의미를 갖는다. 개인의 능력에만 의존하는 사업은 초기에는 빠른 수익 창출이 가능할 수 있으나, 장기적으로는 그 개인의 상황과 능력에 따라 사업의 성패가 좌우되기에 명확한 한계와 리스크를 내포하고 있다. 특히 개인의 능력이나 영향력은 시간이 흐름에 따라 약화될 수 있다는 점에서, 이런 사업 모델은 벤처 투자자들이 추구하는 높은 성장성과는 거리가 있다.

투자자들은 매출이 꾸준하더라도 성장의 한계가 뚜렷한 사업보다는, 당장은 성장 속도가 더디더라도 시스템적으로 확장 가능성이 있는 사업 모델에 더 큰 관심을 보인다. 이는 그들이 투자하는 근본

적인 이유가 창업자의 큰 비전과 기업가적 마인드를 통해 회사의
성장 가능성을 현실화하고, 궁극적으로는 의미 있는 사회적 영향력
을 발휘할 수 있는 기업으로 발전시키는 것에 있기 때문이다. 따라
서 벤처 투자자들은 창업자가 단순한 이익 창출을 넘어서서, 세상
에 의미 있는 변화를 불러일으킬 수 있을 만큼 큰 규모의 기업으로
성장해 나가기를 기대한다.

벤처캐피털의 아버지 — 조르주 도리오Georges Doriot

조르주 도리오

출처: 하버드 비즈니스 스쿨 조르주 도
리오 컬렉션Harvard Business School,
Doriot Collection

현대 밴처캐피털의 역사를 살
펴본다면 늘 등장하는 인물이
있다. 바로 벤처캐피털의 아버
지라 불리우는 '조르주 도리오'
이다.

프랑스 출신의 미국인 조르주
도리오는 군인, 학자, 사업가 등
다양한 경력을 쌓았으며, 1946
년 하버드 경영대학원 교수로 재
직하며 미국 연구개발공사ARDC,

American Research and Development Corporation를 설립했다. ARDC

1

는 부유층이 아닌 다양한 투자자들로부터 자금을 모아 혁신 기업에 투자하는 최초의 기관 사모 투자 회사로, "벤처캐피털의 시초"로 평가받고 있다.

1957년, 조르주 도리오는 MIT 링컨 연구소 출신의 케네스 올슨Ken Olsen과 하론 앤더슨Harlan Anderson이 설립한 DECDigital Equipment Corporation에 투자했다. 이 당시 DEC 창업자들은 당시 크고 비쌌던 컴퓨터의 대안으로 소형 컴퓨터 개발을 목표로 하고 있었다.

케네스 올슨과 하론 앤더슨은 초기 자금 마련을 위해 많은 투자자들을 만났지만, 높은 위험도로 인해 투자 유치에 어려움을 겪었다. 그러나 조르주 도리오는 이들의 비전에 공감하며, ARDC를 통해 7만 달러를 투자했다. 이 당시 투자는 ARDC가 지분의 70%를 받는 조건으로 지금으로서는 일반적인 벤처투자 대비 다소 높은 수준의 지분 취득이었다.

하지만 조르주 도리오의 선구적인 투자는 DEC가 혁신적인 소형 컴퓨터 PDP-1을 개발하는 데 결정적인 역할을 했으며, 이는 컴퓨터 기술의 대중화를 이끌고 DEC를 업계 선두주자로 자리매김하게 하였다.

DEC 초기 투자로 ARDC는 1968년 뉴욕 증권거래소 상장이라는 성공적인 결과와 엄청난 수익을 창출했으며, 벤처캐피털 산업의 가능성을 증명하고 미래 투자에 영감을 불어넣었다.

벤처 투자는 본질적으로 높은 리스크를 감수하는 대신 그에 상응하는 높은 수익을 추구하는 시장이다. 이는 벤처 투자 시장의 근본적인 특성을 잘 보여주는데, 벤처 투자자들은 일반적으로 10개 기업에 투자해서 9개가 실패하더라도 나머지 1개가 수십 배의 수익을 창출하는 구조를 목표로 한다. 이러한 투자 전략은 '하이 리스크, 하이 리턴High Risk, High Return'의 전형적인 예시라고 할 수 있다.

따라서, 10억을 투자해 매년 1억 원의 안정적인 수익이 나는 사업은 일반적인 투자자에게는 매력적인 투자처가 될 수 있지만, 벤처 투자자의 관점에서는 원금 회수 기간이나 기회 비용을 고려했을 때 적절한 투자 대상이 되기 어렵다. 이는 벤처 투자가 추구하는 폭발적 성장과 그에 따른 높은 투자 수익률과는 거리가 있는 수익 구조이기 때문이다.

기업으로 나아가고 싶다면 무조건 투자를 받아야 하나?

투자자의 관점에서 이 질문에 대한 답은 "그렇다"이다. 단, 이는 "돈과 시간을 치환할 수 있는가?"라는 핵심적인 전제가 충족될 때에만 해당된다. 벤처 투자의 본질적 목적은 사업의 성장에 소요되는 시간을 획기적으로 단축시키고, 투자금을 통해 정해진 기간 내에 급격한 성장을 이루는 것에 있다. 따라서 만약 창업자가 투자금을 통해 성장 시간을 효과적으로 단축할 수 없는 상황이라면, 투자 유치는 잠시 미루는 것이 현명할 수 있다. 이러한 원칙은 창업 초기 단계이든, 성장기이든 또는 회사가 이미 수익을 창출하고 있는지의 여부와 관계없이 동일하게 적용된다.

결국 "투자를 무조건 받아야 하나?"라는 질문보다는 "지금이 투자금을 통해 회사를 가장 효율적으로 성장시킬 시점인가?"라는 질문이 더욱 본질적이고 중요하다. 기업가로서 사업을 확장해 나가는 과정에서는 필연적으로 투자 유치가 필요한 시점이 오게 마련이다. 그때에는 주저하지 말고 과감하게 투자 유치에 나서는 것이 빠른 성장을 위한 핵심 전략이 될 것이다.

투자 유치는 창업자에게 있어 단순한 자금 확보 이상의 깊은 의미를 지닌다. 이는 사업이 개인의 노력에만 의존하는 단계를 넘어서서, 시스템적으로 확장 가능하고 더 큰 비전을 실현할 수 있는 전환점이 된다. 따라서 이러한 도약이 가능한 시점에서 투자 유치에 나서야만, 더 원대한 목표와 지속적인 성장을 향해 힘차게 나아갈 수 있다.

최초의 벤처캐피털의 시작

미국은 19세기 말부터 산업 전반에 걸친 기술 혁신에 많은 노력을 기울였다. 1880년부터 1900년까지 과학 기술기반 회사들은 앞다투어 기업 내부에 R&D 연구소를 설립하기 시작했으며, 이 연구소들은 기업의 경쟁력 강화를 위한 새로운 제품과 혁신적인 생산 공정을 개발하는 핵심 역할을 담당했다. 당시 미국 내에서는 기업 연구소의 설립과 더불어 독립적인 발명가들의 혁신 활동도 활발하게 이어졌다.

하지만 19세기 말부터 은행들의 위험 회피 성향이 두드러지게 강화되면서 혁신적인 창업자들의 자금 조달은 점점 더 어려워졌다. 이러한 상황에서 많은 창업자들은 공식적인 금융기관 대신 가족, 친구, 성공한 기업가들로부터 자금을 지원받아 혁신 활동을 이어갔다. 특히 디트로이트 지역의 자동차 산업은 이러한 비공식적 자금 조달 네트워크를 효과적으로 활용하여 성장의 기반을 다질 수 있었다.

20세기 초 자동차 산업이 벤처투자에서 소외되던 시기에 새로운 혁신 분야로서 항공 산업이 등장했다. 초기 항공 산업은 자동차 부품을 활용한 단순한 비행기 제작으로 시작되었지만, 시간이 흐르면서 더욱 복잡하고 정교한 기술을 요구하는 첨단 산업으로 발전했다. 특히 우주 산업으로의 확장 가능성이 대두되면서 정부는 군용 항공 산업의 중소기업들에 대한 막대한 연구개발 지원을 본격화했다.

이 시기의 항공 분야 투자는 주로 자동차 산업에서 성공을 거둔 부유한 개인들에 의해 이루어졌다. 이들은 자동차 산업에서 축적한 경험을 바탕으로 항공업을 새로운 유망 투자 분야로 주목했다. 특히 1926년 다니엘 구겐하임이

항공 분야에서 괄목할 만한 업적을 이룬 사람들에게 수여하는 메달 'Daniel Guggenheim Medal'

출처: 스미소니언 국립 항공우주 박물관, 다니엘 구겐하임 메달 컬렉션 / Smithsonian National Air and Space Museum, Daniel Guggenheim Medal Collection

조성한 250만 달러 규모의 펀드는 항공 과학 기술 연구를 체계적으로 지원함으로써 민간 항공의 수익성 확보에 중요한 전기를 마련했으며, 이는 현대적 벤처캐피털의 초기 형태로 평가받고 있다.

이러한 흐름 속에서 1927년, 구겐하임 펀드Daniel Guggenheim Fund는 미국 최초의 항공사인 웨스턴 항공사에 15만 달러를 대출해 주목할 만한 성과를 거두었다. 대출금은 예상을 뛰어넘어 불과 1년 만에 전액 상환되었으며, 이후에도 펀드는 지속적으로 항공 산업의 다양한 혁신 프로젝트에 투자하며 실질적인 현대적 벤처캐피털의 기능을 수행하기 시작했다.

창업자

"투자 없이도 '기업가'가 될 수 있다."

외부 투자 없이 기업공개IPO, initial public offering에 성공해 '기업가'로 성장하는 건 어려운 일이긴 하지만 반대로 절대 불가능한 일은 아니다. 실제로 미국의 기업인 메일침프Mailchimp는 이메일 마케팅 플랫폼으로 시작하여 외부투자금 없이 자체 수익으로 성장해 9억 달러 이상의 매출을 달성했고, 결국 인튜이트Intuit Inc.에 120억 달러로 인수되었다. 한국의 게임 회사 네오위즈의 경우 1997년 설립 이후 '스페셜포스'와 같은 히트작을 바탕으로 자체 수익성을 높이며 성장했고 외부 투자 없이 내부 자본만으로 기업을 키워 2007년 코스닥 시장에 성공적인 상장을 이뤄냈다.

자기 자본 없이도 창업이 가능한 한국 창업 생태계

"나도 그 아이디어 생각했었는데, 돈이 없어서 못 했어"라는 말을 주변에서 종종 듣게 된다. 하지만 이는 반쪽짜리 변명에 불과하다. 투자가 없어도 사업을 시작하는 방법은 생각보다 다양하기 때문이다. 과거에는 대부분의 창업자들이 개인의 돈으로 시작했지만, 창업 생태계의 발전과 함께 상황이 크게 바뀌었다. 정부 지원금, 엔젤 투자, 액셀러레이터 등 다양한 형태의 초기 자금 조달 방법이 생겨났고, 특히 한국의 경우 초기 창업을 위한 지원 제도가 너무나도 잘 갖춰져 있다.

예를 들어, 중소벤처기업부의 '창업성공패키지'나 '청년창업사관학교' 같은 프로그램들은 초기 창업자들에게 상당한 규모의 지원금과 함께 멘토링, 사무공간 등을 제공한다. 또한 민간 영역의 액셀러레이터들도 정부의 지원자금을 연계하여 유망한 스타트업을 발굴하여 초기 투자와 함께 집중적인 육성 프로그램을 제공하고 있다. 이처럼 아이디어만 있다면 초기 자금을 마련할 수 있는 길은 열려 있다.

물론 이러한 지원 프로그램만을 기다리며 사업의 성공을 꿈꾸기에는 시간이 너무 오래 걸린다. 진정으로 성공을 갈망하는 창업자들에게는 더 빠른 자본 투입이 절실할 수도 있다. 특히 사업 아이디어가 명확하고 시장 진입의 타이밍이 무르익었다고 판단되는 시점에서는 더욱 그렇다. 이런 상황에서 투자 유치는 창업자들에게 날개를 달아 주는 역할을 할 수도 있다.

한국 창업 생태계에서는 종종 투자 유치 자체를 성공의 지표로 여기는 경향이 있다. 하지만 이는 반드시 옳은 시각이 아니다. 투자 없이도 빠르게 성장하는 창업자들이 존재하기 때문이다. 이들은 스스로가 로켓이 되어 고속 성장을 이뤄낸 경우다.

개인적으로 친분 있는 IT 서비스 기업의 창업자는 초기에 투자 유치 없이 순수 개인 자본으로 시작해 3년 만에 연 매출 100억 원을 달성했다. 그는 "투자를 받으면 당장은 편할 수 있지만, 장기적으로 더 큰 책임과 압박이 따를 것 같았다"고 이야기한다. 또 다른 사례로, 버티컬 시장의 플랫폼은 초기 5년간 외부 투자 없이 운영하며 꾸준한 성장세를 보였고, 결국 투자자들이 먼저 찾아오는 상황이 되어 유리한 조건으로 투자를 유치한 후 성공적으로 IPO를 진행 중에 있다.

그렇다면 투자를 받아야 할까? 아니면 받지 말아야 할까?

사업을 위한 정답은 존재하지 않는다. 내가 이 사업을 나 혼자서도 충분히 이끌어 나갈 수 있다면 한국의 정부 지원 자금이나 개인 자본을 통해 얼마든지 나아갈 수 있다. 그러나 단순히 내가 아닌 우리 팀을, 더 나아가 더 큰 조직을 만들고 싶다면 얼마든지 투자받는 걸 충분히 검토해 볼 수 있다.

투자는 창업자에게 매력적인 선택지로 보일 수 있다. 단순히 아이디어와 비전을 설명하는 것만으로 수십억 원의 자금을 확보할 수 있다는 점은 분명 매혹적이다. 하지만 이를 단순한 상금이나 무상 지원금으로 오해해서는 안 된다. 투자금은 결코 공짜 돈이 아니기 때문이다.

투자자들은 자신들의 이익을 보호하기 위해 투자 계약서에 다양한 조건들을 명시한다. 이는 대부분 창업자들이 미처 경험해 보지 못한 복잡한 내용들로, 투자금 회수 방법이나 경영 간섭 권한 등을 포함한다. 예를 들어, 특정 경영 지표를 달성하지 못할 경우 투자금을 조기에 상환해야 하거나, 주요 의사결정에 투자자의 동의를 구해야 하는 등의 조건이 있을 수 있다.

따라서 투자금을 받는 순간은 달콤할 수 있지만, 그 돈을 돌려줘야 할 때가 되면 상황이 완전히 달라질 수 있다. 처음에는 우호적이고 협조적이던 투자자들이 투자금 회수 시점이 다가오면 냉정하고 비즈니스적인 태도로 돌변할 가능성이 높다. 이는 그들 역시 자신들의 투자자들에게 책임을 져야 하는 위치에 있기 때문이다. 결국 투자 유치는 양날의 검과 같다.

투자받을수록 사라지는 혁신,
벤처캐피털은 진짜 혁신을 지원하는가?

벤처캐피털은 혁신적인 기업에 투자하고 이를 통해 세상을 바꾸는 일에 일조한다고 이야기한다. 그래서 벤처캐피털을 직업으로 삼고 있는 사람들도 본인들이 단순한 고리대금업자가 아니라 세상을 바꾸는 창업자들을 지원하는 사명감을 가지고 있다고 말하곤 한다. 실제로 벤처캐피털은 세상의 혁신을 만들어 내고 있는 것이 맞을까?

"벤처캐피탈VC, Venture Capital 투자받은 기업일수록 특허 출원 건수가 줄어든다."

미국 조지메이슨 대학에서 〈The Effect of Venture Capital on Innovation in Newly Public Firms〉라는 이름으로 연구를 진행했다. 이 연구는 벤처캐피털이 기업 혁신에 미치는 영향을 검증하기 위해, 투자를 받은 기업이 IPO기업공개 후 혁신특허 출원 및 인용 수이 감소했는지를 분석했다. ***1981년부터 2006년까지 미국에서 IPO를 진행한 5,490개 기업 대상**

결과는 투자받은 기업은 IPO 후 첫 해에 평균 0.35개의 특허를 출원한 반면, 투자받지 않은 기업은 평균 0.71개의 특허를 출원했

1

다. IPO 이후에도 3년 동안 VC 투자 기업은 평균 0.37개의 특허를 출원한 반면, VC 비투자 기업은 0.79개의 특허를 출원했다. 투자를 받은 기업일수록 IPO 이후에 특허 출원혁신 건수가 적다는 의미이다.

VC 투자기업과 비투자기업의 특허 출원 및 연도별 현황 비교표

Variable	NONVC-backed Firms			VC-backed Firms			Comparison between NONVC- and VC-backed Firms	
	N	Mean	Median	N	Mean	Median	t-stat	z-stat
Panel A: All Years Pre-IPO								
Patents	791	1.03	0.25	814	0.34	0.15	7.37***	8.78***
Citations	791	1.07	0.26	814	0.60	0.22	4.47***	3.32***
Panel B: 1 Year Post-IPO								
Patents	403	0.71	0.16	623	0.35	0.17	2.15**	1.68*
Citations	403	0.86	0.18	623	0.51	0.19	1.49	-0.15
Panel C: 1-3 Years Post-IPO								
Patents	1,128	0.79	0.17	1,686	0.37	0.18	3.55***	2.87***
Citations	1,128	0.98	0.18	1,686	0.51	0.18	3.21***	-0.30
Panel D: 1-5 Years Post-IPO								
Patents	1,681	0.77	0.17	2,510	0.40	0.18	4.30***	2.97***
Citations	1,681	0.98	0.17	2,510	0.52	0.18	4.24***	-0.55

1981년부터 2006년 사이에 상장된 모든 기업들의 특허/상표권 출원에 대한 요약 통계

*Patents는 기업별로 생산된 총 특허 수를 나타내며, Citations는 그 특허들이 받은 총 인용 수

　

국내에도 유사한 분석 결과가 있다. 2020년 연세대에서 발간한 〈벤처캐피털 투자가 벤처기업 혁신성과에 미치는 영향〉 논문을 살펴보면, IPO 전에는 투자기업과 비투자기업 간의 특허 출원 차이는 있으나**VC투자: 평균 1.17개, 비투자: 평균 1.00개** 상장 이후에는 그 차이가 없다고 이야기한다. 오히려 CVC**기업 벤처캐피털**의 투자를 받은 기업은 일반 VC 투자받은 기업보다 IPO이후에도 더 많은 혁신을

출원했다고 이야기한다.

심지어 VC의 지분이 높은 기업일 수록, 즉 일정 지분율 이상에서는 오히려 특허 출원의 성과가 감소하는 역U자형 관계가 나타난다고 이야기한다. 즉 혁신을 지원하고 주창하는 VC가 실제로는 IPO라는 목적을 달성한 이후에는 오히려 혁신을 저해한다는 이야기이다.

"그렇다면 정말 투자를 받을수록 세상을 바꾸는 혁신은 줄어드는 것인가?"

실제로 이런 결과는 VC의 투자 전략에 기인한 것이다.

벤처캐피털은 초기에 혁신적인 기술과 제품 개발에 집중하여 특허를 통해 시장에서 경쟁 우위를 확보하는 데 주력한다. 그리고 IPO 직전에 특허 출원 및 기술 연구를 집중함에 따라 기업가치를 극대화시키는 것이 주요 전략이다.

즉 기존에 만들어 놓은 혁신을 상업화하여 상장 이후에는 특허보다는 실제 기업의 매출이나 영업이익의 극대화를 통해 회수전략을 추진하여 기업의 가치를 높이는 것이다.

해외 논문 중 VC의 투자가 전체적인 혁신을 일으킨다는 논문도 있다.

⟨Does Venture Capital Investment Spur Innovation? A Cross-Countries Analysis⟩ 논문은 벤처 투자가 국가의 혁신 성과에 미치는 영향을 분석한 내용이다. 이 연구는 2006년부터 2016년까지 41개국의 데이터를 수집하여 분석했는데, 그 결과 벤처 자본 모금액 **VCFND**은 특허 출원 수 증가에 42.8%의 긍정적인 영향을 미치고, 벤처 자본이 지원한 기업 수**VCBACK** 역시 38.7%의 특허 출원 증가를 가져온다는 점을 확인할 수 있다.

"벤처캐피털은 '혁신'에 투자하지 않는다. '혁신적인 사업'에 투자한다."

벤처캐피털의 본질은 투자업으로, 공공재적 성격이 아닌 수익 중심의 벤처펀드임을 인지해야 한다. 일부 창업자들은 본인들의 혁신적인 아이디어에 투자가 이루어지지 않는 점에 의문을 제기하지만, '혁신적인 아이디어'와 '혁신적인 사업'을 구분할 줄 알아야 한다. 결국 벤처캐피털은 단순히 혁신을 위한 창업자를 지원하는 것이 아니라, 수익성 있는 혁신적 사업을 이루고자 하는 창업자에 투자하는 것이 그 본질임을 이해해야 할 것이다.

1-3
손 많이 가는 정부과제, 하는 것이 맞을까?

투자자

"정부과제에 의존하는 순간 회사의 성장은 멈춘다."

2016~2017년, 한국에서 '스타트업'이라는 개념이 아직 생소할 때, 정부는 '창조경제'와 '창업 지원'을 핵심으로 새로운 경제성장 동력을 모색하기 시작했다. '벤처기업'이라는 기존의 용어 대신 '스타트업'이 자리 잡았고, 중소벤처기업부와 각 지역의 창조경제혁신센터 등을 중심으로 기업 지원을 확대했다. 정부는 자금 지원, 투자 유치 프로그램, 인프라 구축 등 다양한 방식으로 초기 창업자들에게 큰 자원을 투입했다.

1

25년 기준 중소벤처기업부 주요 창업 관련 예산 현황
중소벤처기업부 25년 1월 보도자료

	2023년 예산	2024년 예산	2025년 예산
총예산	13조 5,205억 원	14조 5,135억 원	15조 2,487억 원
글로벌 창업벤처 강국 도약	1조 3,229억 원	1조 4,452억 원	1조 5,697억 원
민관 공동창업자 발굴 육성TIPS	1,101억 원	1,304억 원	1,500억 원
초격차 스타트업 1000+ 프로젝트	1,072억 원	1,031억 원	1,138억 원
글로벌 기업 협업 프로그램	405억 원	445억 원	503억 원
중소기업 모태조합 출자	3,135억 원	4,540억 원	4,640억 원
중소기업 제조혁신 및 수출 촉진	7조 8,356억 원	7조 9,098억 원	7조 9,623억 원
신성장 기반 자금	1조 1,931억 원	1조 5,289억 원	1조 5,760억 원
창업기반 지원	1조 9,300억 원	1조 9,458억 원	1조 9,000억 원
재도약 지원 자금	4,030억 원	5,318억 원	5,500억 원

정권 교체 이후에도 초기 창업자를 위한 지원 정책은 지속적으로 확대되었다. 단순히 창업자들에 대한 직접 지원금뿐만 아니라, 벤처 투자자들을 위한 투자기금과 정부 출자 기금도 점차 증가했다. 이

는 스타트업 생태계 전반을 아우르는 종합적인 지원 체계를 구축하려는 노력의 일환이었다. 예를 들어, 팁스TIPS 프로그램은 민간 주도의 투자 생태계를 조성하는 데 큰 역할을 했으며, 정부의 매칭 펀드를 통해 초기 스타트업들이 더 많은 자금을 조달할 수 있게 되었다. 또한, 창업진흥원의 다양한 지원 사업들은 예비 창업자부터 성장 단계의 스타트업까지 폭넓은 지원을 제공하며 한국의 창업 생태계 발전에 기여했다.

이러한 지원 정책 덕분에 국내 스타트업 생태계가 성장했음은 부정할 수 없다. 그러나 정부의 광범위한 지원 정책이 한편으로는 부작용을 초래했다는 지적도 있다. 민간 시장이 성과를 최우선으로 두고 경쟁을 통해 1등에게 집중하는 반면, 정부는 폭넓게 다양한 기업을 지원하는 경향이 있어 일종의 '지원에 최적화된 사업계획서'로 과제를 획득하려는 경우가 늘었다. 결과적으로 시장의 원리에 따라 고유의 사업을 발전시키기보다는, 일시적인 정부 과제 자금에 의존해 기업이 생존하는 현상이 발생하고 있다.

정부과제의 함정: 창업 지원금을 위한 피벗

스타트업은 본래 빠르게 변하는 환경에 따라 사업 모델을 수정하

1

는 '피벗pivot'을 종종 한다. 이는 본래 고객의 문제를 해결하거나 시장에 맞추기 위해 필요한 과정이다. 문제는 정부과제를 위해 불필요한 피벗이 이루어질 때 발생한다. 정부과제의 취지에 맞추기 위해 본래의 핵심 사업을 유지하면서도 과제 요구에 맞춰 새로운 사업 영역을 억지로 추가하는 일이 생기기도 하고, 심지어 고급 인력과 자원이 본연의 사업보다는 과제 계획서 작성과 보고서 제출에 투입되기도 하면서 기업의 성장 동력은 점점 약화되고 그저 '과제 수행'에 그치게 되는 경우도 많이 생겼다.

이뿐만이 아니다. 특정 과제 수행에 유리한 인력을 서로 교환하거나 정부 지원금 확보를 목적으로 브로커들이 개입하는 등, 정부 과제와 관련한 비효율적인 관행도 문제로 떠오르고 있다. 결국 새로운 사업 아이디어로 세상을 바꾸겠다던 창업자들이 직원의 급여나 사업 자금을 마련하기 위해 본업보다 정부 과제 사이트에서 더 많은 시간을 보내고 있는 것이 현실이다.

정부과제는 잘못 쓰면 독이다

투자자 입장에서 창업자가 정부과제에 많이 의지하는 것을 선호하기 어려운 이유는 명확하다. 투자자는 빠른 성장과 높은 수익률을 기대하는데, 정부과제는 주로 점진적이고 제한적인 지원을 제공하기 때문이다. 투자자들은 빠르게 성장Scale-up할 수 있는 기업을 선호하며, 정부 지원금이 가져오는 제한적인 자금과 행정 부담은 오히려 성장을 저해할 수 있다는 점에서 부정적이다.

따라서, 창업자들은 정부과제를 단순히 추가적인 자금 소스 정도로 이해해야 한다. 정부과제는 지분 희석 없이 현금을 확보할 수 있는 장점이 있지만, 이에 수반되는 행정적 부담과 인력 소모는 적지 않다. 과제 보고서 작성과 회계 처리를 위한 복잡한 서류 작업은 회사의 중요한 인력의 시간을 상당히 소모시키며, 자원 사용에 제한이 있는 정부 자금의 특성상 실제 필요로 하는 부문에 유연하게 사용할 수 없다는 단점도 크다.

가장 중요한 문제는 정부과제에 집중하면서 기업의 핵심 사업에서 멀어질 위험이다. 정부과제의 요구에 맞춰 회사의 방향을 조정하다 보면, 사업의 본질을 잃고 단순히 '과제 수행 조직'으로 전락할 가능성이 있다. 창업자는 과제가 진정으로 회사의 전략에 부합하는지, 과제 수행을 위한 리소스 투입이 실질적인 이익을 가져오는지 면밀히 판단해야 한다. 회사가 자금 안정성을 위해 과제 수행에만 집중하다 보면, 그 순간 회사는 과제수행을 하지 않고 본 사업에만 집중하고 있는 다른 회사와의 경쟁에서 뒤처진다는 점을 절대

1

잊지 말아야 한다.

 정부과제는 적절히 활용한다면 초기 자금 마련에 유용한 수단이
될 수 있는 것은 맞다. 그러나 궁극적으로 창업자는 회사의 비전과
성장 전략에 맞는 자금 조달 방법을 선택해야 한다. 정부 지원금에
기대어 성장 속도를 늦추는 것이 아니라, 기업의 본질을 유지하며
민간 투자를 통해 시장에서 더 강력한 경쟁력을 갖춰야만 장기적인
성공을 기대할 수 있다.

창업자

"한국 창업 생태계에서
정부 돈 안 받고 사업하는 사람은 바보다."

　한국의 창업 생태계에서는 "정부 돈 안 받고 사업하는 사람은 바보다"라는 말이 널리 퍼져 있다. 이는 어느 정도 사업계획서 작성 능력과 기본적인 스펙을 갖춘 창업자라면 정부 지원사업에 비교적 쉽게 선정될 수 있음을 의미한다. 한국의 창업 지원 체계는 예비창업자부터 초기 창업자, 심지어 유니콘 기업에 이르기까지 각 성장 단계별로 세분화된 지원을 제공하고 있어, 창업의 전 과정에 걸쳐 정부의 도움을 받을 수 있는 구조다.

　이러한 광범위한 정부 주도의 창업 지원 정책에 대해 비판적인 시각도 존재한다. 일부에서는 미국과 같이 민간 주도의 창업 생태계가 더 바람직하다고 주장한다. 그러나 이러한 일부 부정적 시선에도 불구하고, 한국의 정부 주도 창업 지원 정책이 단기간 내에 창업 생태계의 빠른 성장을 이끌어냈다는 점은 부인하기 어렵다. 실

1

제로 한국이 이스라엘의 창업 생태계를 벤치마킹하여 성공적으로 적용한 사례는 이제 태국을 비롯한 다른 국가에서도 모범 사례로 연구되고 있다. 이는 한국의 창업 지원 정책이 단순히 국내에서만 효과를 보인 것이 아니라, 국제적으로도 그 가치를 인정받고 있음을 보여준다.

창업하기 좋은 도시 대한민국 서울

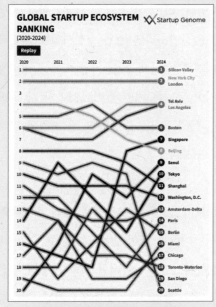

출처: 글로벌 스타트업 생태계 랭킹2024 보고서
Startup Genome, GSER 2024 Report

세계경제포럼WEF에서는 2022년 〈한국은 어떻게 글로벌 혁신의 허브로 성장할 수 있었는가? This is how South Korea can become a global innova-tion hub?〉로 한국 스타트업 생태계의 성장을 사유를 분석한 기고문을 발표했다.

WEF에서 분석한

성장 동력으로는 정부의 적극적인 지원과 정책이 첫 번째로 꼽히며, 한국 정부는 혁신적인 스타트업 육성을 위해 창업 초기부터 재정 지원을 아끼지 않고 있다고 이야기한다. 특히 기술 기반 스타트업을 중심으로 다양한 프로그램TIPS을 운영하며, 이는 많은 창업자들에게 든든한 버팀목이 되고 있다.

두 번째로, 세계 최고 수준의 기술 인프라를 들 수 있다. 한국은 초고속 인터넷과 첨단 기술 인프라를 자랑하는데, 이는 스타트업이 기술 혁신을 추구하는 데 최적의 환경을 제공한다.

투자 유치 환경 또한 주목할 만하다. 한국의 벤처캐피털과 엔젤 투자자들은 초기 스타트업에 대한 투자에 적극적이다. 이러한 활발한 투자 생태계는 많은 스타트업들이 빠르게 성장할 수 있는 발판이 되고 있다.

마지막으로, 대기업과의 협력 관계를 빼놓을 수 없다. 한국의 대기업들은 스타트업과의 협력을 통해 새로운 기술과 아이디어를 흡수하고 있다. 이는 스타트업 입장에서는 빠른 성장과 확장의 기회가 되며, 한국 경제 전반의 혁신을 촉진하는 중요한 동력이 되고 있다.

이렇듯 국내에서의 스타트업 생태계에 대한 평가가 아직은 부족할지라도 해외에서는 한국 스타트업 생태계가 높은 수준의 성장을 이뤘다고 보는 경우가 많다.

정부의 스타트업 지원 사업 심사 및 평가 과정에서, 사업성이 부족한 아이템임에도 불구하고 정부 지원금을 수혜받는 사례들이 발생하고 있으며 이는 분명히 시정되어야 할 문제점으로 인식된다. 다만, 이와 같은 정부의 전폭적인 지원은 창업을 망설이던 예비 창업자들이 보다 용기를 가지고 창업 시장에 도전할 수 있도록 하는 긍정적인 역할을 수행한다는 점 또한 간과할 수 없다. 투자자의 관점에서도 10개 기업 중 1개 기업의 성공적인 투자 회수를 기대하는 것처럼, 정부 지원을 통한 100개 예비 기업 육성은 투자 가능한 10개 기업으로의 성장 가능성을 높이는 효과를 창출한다고 판단된다.

그러나 한국 정부 프로그램의 특징 중 하나로 여겨질 수 있는 과도한 문서 작업은, 정부 과제 수행 과정에서 상당한 부담으로 작용한다. 하지만 정부 과제에 참여했던 창업자들은 대부분 과중한 업무 부담으로 인해 다시는 참여하지 않겠다는 반응보다는, 정부과제 수행 과정에 필요한 지엽적인 업무들에 회사 자원 투입을 줄임으로써 차후 참여 시 전담 인력 채용이나 자동화 등을 통해 정부자금을 효과적으로 사용하는 모습을 보인다.

즉 유능한 창업자라면 정부 과제를 기업의 필수적인 업무 프로세스(회계, HR 등) 중 하나로 간주하고, 이를 효과적으로 처리하고 활용할 수 있는 방안을 마련해야 할 것이다.

빈번한 거절로 사기를 잃은 창업자들에게
용기를 북돋아 줄 수 있는 '정부 프로그램'

정부과제는 단순히 지원금을 얻고자 하는 것이 아닐 때가 더 많다. 창업자는 투자자들 또는 고객들에게 수많은 거절과 부정적인 메세지를 받게 된다. 이럴 때 정부에서 지원해 주는 프로그램에 통과하고 참여하는 것만으로 본인의 사업에 대한 신뢰와 확신을 얻어 자신감을 얻어 가는 경우가 많아진다. 정부에서 상을 통해 인정해 주는 것이 별로 의미 없다고 평가할 수 있으나, 수많은 거절로 자존감이 낮아진 창업자들에게 '수상'이라는 칭호가 창업자들의 창업에 대한 동기부여 및 응원에 큰 도움이 된다.

또한 정부과제 참여 시 많은 행사에 불려가기도 한다. 때로는 사진 촬영장의 들러리가 되기도 하고, 외빈들을 위해 단순 방청객이 되어야 하는 상황도 발생한다. 하지만 주변에 유능한 창업자들은 이런 기회를 적극적으로 활용한 사례도 많다. 사업에서 결코 모든 시장은 숫자만으로 해결되지 않는 것이다. 우연히 만난 관계자를 통해 사업의 기회, 투자의 기회를 얻기도 하고, 정부부처의 직원들과 한두 번 식사를 통해서 그간 풀리지 않았던 규제와 관리들이 개선되기도 한다. 사회는 단순한 2차원의 구조가 아니다. 인간관계, 정치, 사회, 환경까지 4, 5, 6차원의 관계를 통해 사업이 성공에 다다르

1

게 되는데 단순하게 귀찮다는 이유로 이런 성공에 대한 확률 변수를 제거하는 건 옳지 않다.

정부과제는 꼭 받았으면 한다. 하지만 투자 유치가 기업의 목표가 되면 안되듯 정부과제 선정이 사업의 목표가 되어서는 안된다.

대표적인 정부지원사업TIPS 지원 및 참여 시 작성해야 할 서류 List

별도로 TIPS 관계사(한국엔젤투자협회, TIPS 운용 투자사 등)으로 부터 전달받는 요청자료는 지속적으로 제출해야 한다. 이렇듯 창업자라면 기본적으로 국내 정부 프로그램 지원 시 서류작업이나 인적자원이 많이 투입된다는 사실을 알고 있어야 한다.

번호	서식 명	유형	제출
1	팁스TIPS 협약서	공동	필수
2	팁스TIPS 창업기업 연구개발계획서요약	공동	필수
3	팁스TIPS 창업기업 연구개발계획서 본문1 & 부록 ─ 일반	일반형	필수
4	팁스TIPS 창업기업 연구개발계획서 본문2	공동	필수
5	정보제공 거래내역 조회 동의서	공동	필수
6	기지원/기개발 및 중복지원 여부 확인서	공동	필수
7	연구비 편람/정산서 이용 신청서	공동	필수

8	중소기업 기술개발사업 개인정보 수집·이용 동의서	공동	필수
9	유관기관 정보공유를 위한 기업정보 제3자 제공 동의서	공동	필수
10-1	투자계약서	공동	필수
10-2	조건부지분인수계약	공동	필수
11	운영사 투자주주명부	공동	필수
12	신성장동력기술개발사업 청렴 서약서	공동	필수
13	기술개발사업 보안성 활용 동의서	공동	필수
14	장비 사용 납부확인서	공동	필수
15	연구시설·장비 도입 계획서	공동	해당 시
16	연구시설·장비 도입 실외측정계획서	공동	해당 시
17	영리기관 임상시험 협의 활용 계획서	공동	해당 시
18	영리기관 임상시험 현물신청서	공동	해당 시
19	학생연구자 연구 참여확약서	공동	해당 시

1-4
내가 창업자가 될 상인가?

투자자

"학벌과 스펙도 물론 중요하지만,
일을 잘하는지가 더 중요하다."

창업자들이 가지고 있는 대표적인 오해 중 하나는 좋은 학벌을 가진 사람에게만 투자가 이루어진다는 것이다. 실제로 스타트업 창업자의 학력 구성과 투자 유치 성과를 살펴보면, 명문대를 졸업한 창업자들이 비교적 투자 유치에서 유리한 경우가 많다는 사실을 발견할 수 있다. 그러나 높은 학벌이 투자 의사결정에 긍정적인 요소가 될 수는 있지만, 그것이 필수 요소라고 단정하기는 어렵다.

여러 성공한 창업자들이 높은 학벌 없이도 본인의 역량으로 사업을 일구어 낸 사례는 무수히 많다. 학벌에 의존해 투자했지만 실패한 경우 또한 적지 않다. 따라서 투자자들은 창업자의 학벌을 절대적 평가 기준으로 삼지 않으며, 그보다는 창업자가 가지고 있는 경쟁우위와 역량을 종합적으로 검토하며 투자 결정을 내린다.

창업자보다 중요한 투자 판단의 기준: 기업의 경쟁우위 요소

모든 스타트업은 창업자의 능력과 비전에서 출발하지만, 투자 의사결정을 좌우하는 주요 요소는 해당 기업의 경쟁우위가 얼마나 뚜렷하고 지속 가능한가에 달려 있다. 이를 평가하기 위해 투자자들은 몇 가지 핵심 질문을 던진다.

1. 해당 산업의 성공을 위해서 필요한 핵심 요소는 무엇인가?
2. 투자 대상 기업이 그 요소를 절대적 우위로 가지고 있는가?
3. 그 경쟁우위를 기업이 유지할 수 있는 이유는 무엇인가?
4. 이 요소를 지속적으로 지킬 수 있는 전략이나 장치가 있는가?

예를 들어, 플랫폼 기업의 경우 공급자 또는 수요자 시장에서의 지배력이 회사의 핵심 경쟁력으로 작용한다. 이때는 창업자와 핵심 팀원들이 공급자 측이든 수요자 측이든 네트워크와 지배력을 어떻게 구축해 왔고 유지할 수 있는지가 중요한 판단 기준이 된다. 그 네트워크와 지배력 자체가 기업의 핵심 경쟁 우위이기 때문에, 투자자는 이 네트워크와 지배력이 창업자나 특정 인원에 종속되어 있지는 않은지 또는 시스템적으로도 지속가능할 수 있는지 등을 면밀히 검토한다.

기술 기반 기업에서는 창업자가 아닌 CTO나 연구소, 개발팀이 핵심 기술 개발을 담당하는 경우도 많다. 이런 경우 투자자들은 특정 기술을 개발할 수 있는 인재들이 기업에 머무는지(지분율, 스톡옵션 유무 등)를 중요한 기준으로 본다. 학벌이나 스펙이 뛰어나지 않더라도 관련 산업에서 오랜 경험과 네트워크를 보유하고 있는 핵심 조직원을 중요시 생각하는데, 이들이 이탈하게 된다면 영업적 부분에서도 회사에는 큰 리스크가 되기 때문이다. 이에 투자자들은 핵심 인력을 장기적으로 유지하고, 안정적으로 기술 개발을 지속할 수 있는 구조와 방안을 확인하고 싶어 한다.

투자자들이 원하는 창업자의 역량은 무엇인가?

앞서 말했듯 투자자는 회사를 볼 때 창업자 한 명에 집중하지는 않는다. 하지만 분명 한 회사의 대표로서 창업자의 역량에 대해서는 평가를 한다. 그리고 이때 가장 중요한 것은 "일을 잘하는가?"
이다.

투자자는 투자심사 과정에서 창업자와 수많은 Q&A를 통해 창업
자가 업무를 얼마나 잘하는지, 회사 운영을 얼마나 철저하게 관리
하는지 등을 평가한다. 이때 투자자의 질문 의도를 정확히 파악하
고 필요한 자료를 신속하게 준비해 제공하는 창업자가 있는 반면,
투자자의 요구 자체를 이해하지 못하거나 자료를 그때서야 부랴부
랴 준비하는 창업자도 있다. 회사 운영 전반에 대해서도 데이터를
기반으로 관리하는 창업자가 있는 반면, 창업자 본인의 머리나 감
에 의존하여 운영하는 창업자도 있다. 창업자가 투자자와 커뮤니케
이션 하는 것만으로도 실제로 이 창업자의 조직 관리 능력, 대외적
인 영업 및 협상력 등 여러 가지를 파악할 수 있고, 이는 결국 "창업
자가 일을 잘하는가?"라는 질문으로 귀결된다.

학벌이나 스펙이 좋은 창업자는 성취한 경험을 바탕으로 일하는
방식이 주로 체계적이고 효율적이다. 반면, 학벌이나 스펙이 좋다고
해도 현장이나 사업 경험이 부족하거나 고집이 강해 유연하지 않은
경우도 많다. 그 반대로, 학벌이나 스펙이 다소 부족해도 효율적이
고 조직적으로 일하는 창업자들도 많다.
결국, 투자자들이 실제로 원하는 것은 학벌이나 스펙으로 포장된

1

명성보다는 창업자의 리더십, 일하는 방식, 실행력이다. 투자자들이 창업자에게 기대하는 자질은 창업자 개개인의 백그라운드와는 무관하게, 오히려 창업자가 어떤 계기로 창업을 결심했는지, 그동안 어떤 방식으로 역량을 쌓아 왔는지, 팀을 어떻게 이끌어 갈 수 있는지, 창업 과정에서 발생할 수 있는 난관을 극복할 끈기와 실행력이 있는지 등을 더 중시한다. 즉, 창업자가 가진 모든 역량을 바탕으로 팀과 회사를 안정적으로 성장시킬 수 있는 가능성을 종합적으로 평가하는 것이 투자의 핵심이다.

다시 이야기하지만, 이 평가에서 학벌과 스펙은 절대 요소가 아니다. 창업자가 학벌과 스펙 때문에 투자를 받지 못했다고 생각하는 오해는, 학벌과 스펙이 안 좋은 사람만이 한다. 그리고 아마 그것은 학벌과 스펙 때문만은 아니었을 것이다.

창업자

"태어날 때부터 창업자인 사람은 없다."

어느 정도 성장한 기업이 아닌 초기 창업자들을 만나 봤을 때 공통적으로 성장하는 창업자들의 몇 가지 특성이 있다. 해당 요소들을 창업자들이 가지고 있지 않다고 본인이 창업자가 될 수 없다고 생각할 필요는 전혀 없다. 5가지를 전부 다 가지고 시작한 창업자는 이 세상에 존재하지도 않고 있더라도 2~3가지의 요소를 바탕으로 추후 후천적으로 나머지 요소를 갖춘 '성장하는 창업자'인 경우가 대부분이다. 이러한 요소들을 갖춘 창업자들만이 3명의 팀에서 10명의 조직으로 그리고 50명의 기업으로 성장해 가는 것을 볼 수 있다.

첫 번째 요소는 열정이다. 모든 창업자는 기본적으로 열정적이다. 하지만 이 열정의 실제 의미는 문제를 해결하려고 하는 '끈기'에 가깝다고 볼 수 있다. 본인이 살아오면서 해결하고 싶은 '문제'를 발견

1

했을 때 그것을 끝까지 지치지 않고 해결하려는 열정이 있는 창업자들이 주로 성장하곤 한다. 사업은 장기간의 게임이다. 단순히 3개월 6개월짜리 프로젝트가 아닌 10년 20년간 동일한 산업에서 동일한 업무를 해야 하는 것이다. 이런 상황에서 본인이 만들고자 하는 서비스/제품에 열정이 식게 되면 그 순간 사업이 중단되는 경우가 발생한다. 또한 사업은 수많은 변수와 위기가 발생한다. 이러한 상황속에서 열정이 있는 창업자만이 그 위기를 해결하고 묵묵히 버텨내며 고난을 이겨 나아간다.

또한 이런 열정을 가진 창업자들의 퍼포먼스는 통상 일반적인 사람들의 업무 역량보다 뛰어난 경우가 많다. 투자자들이 투자에 대한 긍정적인 변화를 바뀌게 되는 것은, 창업자가 혼자서 불굴의 의지로 누구도 예상치 못한 성과를 만들어 냄으로써 그들의 예상을 뛰어넘는 헌신과 열정에 감명받기 때문이다. 투자 유치의 핵심은 투자자가 '나는 못하지만 저 사람은 해낼 것이다'라는 확신을 갖도록 하는 데 있다. 이러한 확신의 근간에는 창업자의 꺼지지 않는 열정이 자리하고 있으며, 이를 지속적으로 관리하는 것이 중요하다.

두 번째 요소는 커뮤니케이션이다. 커뮤니케이션이 뛰어나다는 건 말솜씨가 좋고 대중 앞에서 이야기를 잘한다는 내용이 아니다. 커뮤니케이션 역량이란 '소통'을 잘한다는 것. 정확히는 ① 자기의 생각을 타인에게 전달할 수 있는 능력이 뛰어난 것 그리고 ② 타인의 이야기를 잘 듣고 이를 이해할 줄 아는 능력이다. 이러한 커뮤니케이션의 방법은 꼭 대화/강연/연설일 필요는 없다. 창업자의 성향에 따라서 글솜씨가 좋아 글로서 자신의 생각을 잘 전달할 수 있다면 좋은 커뮤니케이션 역량을 가지고 있는 것이다.

좋은 커뮤니케이션 능력이 있어야 ① 투자자에게 본인의 사업을 정확히 소개하고 그들이 질의하는 사항을 이해하고 명확한 답변을 제시할 수 있고 ② 직원에게는 회사의 비전과 방향성을 명확히 제시할 수 있고 직원들이 겪는 어려움과 고충을 충분히 이해하고 해결할 수 있다. 또한 ③ 고객에게는 본인의 서비스/상품을 쉽게 설명할 수 있고 고객의 만족도 요청사항을 빠르게 해결할 수 있다.

커뮤니케이션은 어렵지 않다. 본인의 생각을 잘 전달하고 타인의 생각을 잘 이해하고 대응할 줄 알면 충분히 좋은 창업자의 자질을 갖추고 있는 것이다.

세 번째 요소는 카리스마이다. 카리스마라고 해서 위압적이고 조직을 장악하는 능력을 말하는 것이 아니다. 바로 타인을 자신의 편으로 만들 수 있는 '매력'적인 사람인 것이다. 이 '매력'은 외적인 요소뿐만 아닌 내적 성품이나 지적 요소 등을 종합적으로 고려한 것이다. 통상 삼국지의 유비나, 초한지의 유방처럼 개인의 역량이 특출나는

1

부분은 없으나 뛰어난 인재를 자신의 편으로 만들 수 있는 매력적인 리더들이 존재한다.

이 매력은 우수한 인재를 채용하는 HR관점에서 크게 작용하곤 한다. 아무리 뛰어난 사람이라고 하더라도 3명 이상의 일을 동시에 수행하기는 어렵다. 따라서 기업을 성장시키고 싶다면 우수한 인재들을 많이 데리고 올 수 있는 방법이 필요하다. 초기기업에게는 돈, 자원이 부족하기에 뛰어난 인재를 데려올 수 없는 경우가 대부분이다. 하지만 투자자들도 알 수 없는 특정한 '매력'을 가진 창업자들은 이를 활용해 뛰어난 개발자, 열정적인 인재들이 쉽게 데리고 오는 경우를 볼 수 있다.

카리스마Charisma의 어원은 '재능', '신의 축복'이라는 그리스어 'Kharisma'에서 출발했다. 즉 카리스마는 타고난 역량이라고 단정 지을 수 있다. 하지만 창업가는 단순히 사업 아이템을 개발하는 것 뿐 아니라, 다양한 대외 활동을 통해 스스로를 카리스마적인/매력적인 존재로 구축해야 할 필요성이 있다. 타인에게 본인이 얼마나 매력적인 사람인지를 보여준다면 자연스럽게 뛰어난 인재들이 따라올 것이다.

네 번째 요소는 경험이다. 일부 창업자들 또는 대학생 창업자들은 초기 사업을 진행할 때 현실의 문제점을 찾아 해결하여 사업화를 진행하려고 한다. 하지만 통상 이 현실의 문제점을 찾을 때 거시적 매크로 시장, 거대한 산업군에서 출발하여 문제를 찾아서 해결 보려는 상황이 종종 발생한다. 그리고 해당 문제를 구조적으로 풀 수 없다는 상황에 직면하고 빠르게 포기하게 된다.

창업자가 사업을 성공적으로 이끌기 위해서는 본인의 경험을 바탕으로 문제를 찾고 이를 해결하는 것이 중요하다. 이러한 경험은 회사나 일을 하면서 얻게 된 직접적인 경험일 수도 있고, 일상생활에서 겪은 개인적인 경험일 수도 있다.

해당 산업의 경험이 없는 창업자는 문제의 근원을 찾기도 어려울 뿐더러 고객이 진정으로 원하는 것을 파악하기가 쉽지 않다. 반면에 해당 산업의 경험을 가진 창업자는 오랜 시간 축적된 경험을 통해 문제의 근원을 정확히 파악할 수 있으며, 고객의 니즈를 깊이 있게 이해할 수 있다는 장점이 있다.

만약 문제는 명확히 인지하고 있지만 해당 사업의 경험이 부족하다면, 사업을 바로 시작하기보다는 먼저 그 산업을 직접 경험해 보기를 추천한다. 또는 간접적인 방법으로, 해당 산업에 대한 경험이 풍부한 가족, 친지, 지인을 통해 깊이 있는 인사이트를 얻는 것도 효과적인 전략이 될 수 있다.

결론적으로 '경험'의 의미는 해당 산업과 고객을 얼마나 깊이 이해하고 있는지를 확인할 수 있는 요소이다.

마지막은 선함이다. 간혹 일부 창업자들은 단기간에 큰 수익을 올릴 수 있는 사업 아이템을 제안하곤 한다. 도박, 불법 유통 또는 규제로 인해 발생한 틈새시장 등이 대표적인 예시다. 이러한 사업들의 특징은 고객과 기업 모두의 상생이 아닌, 특정 회사나 개인에게만 수익이 집중되는 탐욕적인 구조를 가지고 있다는 점이다.

하지만 이런 탐욕적인 사업 모델은 장기적으로 지속되기 어렵다. 진정한 의미의 사업은 최소 10년 이상 지속 가능해야 하며, 모든 참여자들에게 가치를 제공할 수 있어야 한다. 단기간의 수익화는 가능할지 모르나, 이러한 사업들은 정당한 투자를 받아 건전한 기업으로 성장하기 어렵고 영속성을 갖기도 힘들다.

이러한 이유로 우리는 창업자들을 평가할 때 해당 사업이 모든 참여자에게 이익이 되는 '선한 영향력'을 가졌는지를 중요하게 살펴본다. 이러한 선한 영향력은 대개 창업자의 평소 태도와 가치관에서 비롯된다. 실제로 타인을 위한 나눔이 익숙하고, 자신의 이익보다 타인을 먼저 배려하는 창업자들이 지속 가능한 성장을 이루는 경우가 많다.

이러한 '선함'은 창업의 5가지 핵심 요소 중 하나로, 누구나 실천할 수 있지만 사업 과정에서 가장 쉽게 잃어버리기 쉬운 가치이기도 하다.

<병지장兵之將이 될 것인가? 장지장將之將이 될 것인가? ─ 초한지>

한신과 유방 삽화

출처: 위키미디어Wikimedia Commons, Public Domain

유방은 웃으면서 한신에게 묻는다.

"짐은 한신 장군이 백만 대군을 능히 거느릴 수가 있다고 보는데, 장군 자신은 어떻게 생각하시오?"

한신이 웃으면서 대답한다.

"신의 경우는 백만 대군뿐이 아니옵고 다다익선多多益善이옵니다."

1

창업 그리고 팀

"음! 다다익선이라? 그러면 나의 경우는 군사를 얼마나 거느릴 수가 있다고 생각하시오?"

"매우 죄송한 말씀이오나, 폐하께서 능히 거느리실 수 있는 군사의 한도는 10만인 줄로 아뢰옵니다."

너무도 무엄한 한신의 대답에 좌중은 아연 긴장하였다. 한신 자신이 능히 거느릴 수 있는 군사는 백만도 모자란다고 큰소리를 쳐놓고, 제왕인 유방은 10만 군사밖에 거느릴 능력이 없다고 공언했으니 그야말로 제왕을 모독한 언사가 아니고 무엇이란 말인가? 제왕에 대한 불경不敬은 참형에 해당하는 죄악임을 누구나가 다 알고 있는 일이다.

아니나 다를까, 유방의 얼굴에는 불쾌한 빛이 솟구쳐 올랐다. 그러자 좌중은 아연 긴장하여 모두가 유방의 얼굴을 쳐다보기만 하였다. 한신 장군이 별안간 머리가 돌지 않고서야, 이 기쁜 날에 왜 이런 실언을 했을까?

유방은 하도 어이가 없어서 일순간 눈을 감은 채 아무 말도 하지 않았다. 그러다가 다시 눈을 떴을 때에는 얼굴에 가벼운 미소까지 띠면서, 한신에게 조용히 물었다.

"한신 장군은 군사를 얼마든지 거느릴 수가 있어도, 나는 겨우 10만밖에 거느릴 능력이 없다면, 어찌하여 장군은 나의 신하가 되었소?"

한신이 머리를 조아리며 대답한다.

"신은 '병사들의 장수兵之將'가 될 소질은 충분하오나 '장수들의 장수將之將'의 재목은 되지 못하옵니다. 그러나 폐하께옵서는 〈병지장〉은 못 되셔도 〈장지장〉이 되실 수 있는 재질이 충분하오시니, 신이 어찌 폐하의 신하가 되지 않을 수 있으오리까?"

한제는 그 대답을 듣고 무릎을 치며 감탄하였다.

"하하하, 장군은 싸움만 잘하시는 줄 알았는데, 이제 알고 보니 구변口辯도 대단하시구려. 자신은 '병지장'으로 자처하면서 나를 '장지장'으로 치켜 올린 것은 명담 중의 명담이시오."

이 바람에 극도의 긴장으로 치닫던 분위기가 별안간 화기애애하게 되었다.

조직이 커짐에 따라 스타트업 대표는 10명을 관리하는 것이 아닌 20명 때로는 50명 이상을 관리해야 한다. 이때 대표자가 10명을 관리할 때처럼 조직을 운영 하게 된다면 HR/사내 정치 등 다양한 문제를 직면하게 된다. 타고난 창업자는 없지만 병의장과 장의장의 차이는 존재한다. 창업자는 해당 회사에서 본인이 병의장으로 남아 있을지 장의장으로 성장해 나아갈지 결정해야 한다.

1

1-5
사업은 혼자가 좋을까? 같이 하는 게 좋을까?

투자자

"이 회사와 끝까지 함께할 수 있는 사람은 누구인가?"

투자자들은 창업자 1명이나 개인 역량으로 운영되는 것보다, 당연히 잘 짜인 팀으로 구성된 스타트업에 투자하기를 선호한다. 실제로 미국의 성공적인 스타트업들의 초기 팀 구성을 살펴보면, 단독 창업보다 2-3인 공동창업 형태가 성공할 가능성이 높다는 통계도 있다. 물론, 초기 단계에서 투자자는 대개 대표자 1명하고만 주로 소통하는 경우가 많지만, 회사가 성장할수록 대표 외에도 공동창업자들과의 소통도 더욱 중요한 역할을 하게 되고, 이와 같은 이유로, 투자자들이 창업자 1명의 역량만을 보고 투자를 결정하기보다는 창업자와 함께 일하는 공동창업자와 팀 전체를 고려하는 경우가 많다.

왜 1인 창업보다 팀 창업이 효과적인가?

실제 공동창업자를 보유한 창업팀을 보면 몇 가지 긍정적인 요소들이 있다.

첫째, 역량 보충이다. 공동창업자들은 창업자가 부족한 역량을 효과적으로 보완해줄 수 있다. 대표적인 예로, 외부와의 소통과 비즈니스 개발에 능숙한 대표CEO가 있다면, 제품 개발이나 기술적 실행에서는 기술 책임자CTO의 전문성이 더욱 중요한 역할을 하게 된다. 이는 각자의 전문 영역에서 최고의 역량을 발휘하며 시너지를 창출할 수 있게 해준다.

또한 특정 사업 구조상 영업이나 운영 스킬이 핵심 성공 요소라면, 운영 책임자COO가 실질적인 사업 운영을 주도하는 것이 더 적합한 경우도 많다. 이러한 역할 분담은 각 창업자가 자신의 전문 분야에 집중할 수 있게 하며, 결과적으로 기업의 전반적인 실행력을 높이는 데 기여한다. 투자자들이 단순히 대표의 개인 역량만을 평가하는 것이 아니라, 공동창업자들이 제공하는 상호 보완적인 역량과 그들 간의 시너지에 주목하는 것도 바로 이러한 이유에서다.

1

둘째, 멘털 관리이다. 창업 과정에서 겪는 수많은 어려움과 스트레스를 견뎌내기 위해서는 멘털 관리가 필수적이며, 공동창업자는 이 과정에서 창업자의 정신적 안정과 회복에 매우 중요한 역할을 한다. 많은 창업자들이 공통적으로 증언하듯, 공동창업자야말로 사업이 가장 힘든 순간에 진정으로 의지할 수 있는 든든한 동반자가 된다.

특히 사업이 어려운 시기에 대표는 기존 주주들에게 회사의 위기 상황을 설명하고 대응 방안을 마련하는 데 많은 에너지를 쏟아야 한다. 이때 공동창업자는 대표와 함께 어려운 상황을 공유하며 심리적 안전감을 제공하고, 함께 해결책을 모색하는 과정에서 창업자의 고립감을 덜어준다. 이는 단순한 위로를 넘어 창업자가 건강한 멘털을 유지하며 위기를 헤쳐 나가는 데 결정적인 도움이 된다.

'함께 이겨낼 수 있다'는 확신이 주는 힘은 사업의 변동성이 크고 불확실성이 높은 상황에서도 창업자가 의지를 잃지 않고 전진할 수 있게 하는 중요한 원동력이 된다. 공동창업자와의 이러한 신뢰 관계는 예기치 못한 위기 상황에서도 서로를 지지하며 더 나은 해결책을 찾아갈 수 있게 하는 창업 여정의 핵심 자산이 된다.

셋째, 성장 과정에서의 상호 견제와 감시이다. 기업이 일정 수준 성장하여 이익이 발생하기 시작하면, 그 이익의 분배 방식이나 자원 활용 방식을 두고 내부 갈등이 발생하기 마련이다. 이는 스타트업의 성장 과정에서 자연스럽게 발생할 수 있는 현상이지만, 적절한 관리와 견제가 없다면 심각한 문제로 발전할 수 있다. 특히 대표가 회사의 자원을 개인적 용도로 활용하는 경우, 투자자 입장에서는 이를 일상적으로 감시하고 통제하기가 현실적으로 어렵다.

이러한 상황에서 투자자는 주로 공동창업자나 핵심 팀원과의 소통을 통해 내부 상황을 파악하게 된다. 이는 일견 내부 감시나 스파이 역할로 비칠 수 있으나, 실제로는 회사의 투명성과 건전성을 유지하기 위한 필수적인 기능이다. 공동창업자의 입장에서도 이는 회사의 이익을 공정하게 나누고 적절한 균형을 유지하는 중요한 역할이며, 더 나아가 전체 주주의 이익을 보호하기 위한 당연한 책무라고 할 수 있다.

일반적인 대기업의 경우, 이러한 견제와 감시 기능은 이사회를 통해 체계적으로 이루어진다. 그러나 초기 스타트업의 경우 정상적인 이사회 운영이 현실적으로 어려운 경우가 많다. 따라서 투자자 입장에서는 공동창업자들 간의 상호 견제와 감시 시스템을 통해 이러한 기능을 대체하고, 이를 통해 투자금의 안정성과 회사 운영의 투명성을 확보하게 된다.

어느 사람이 회사에 끝까지 남아 있는가?

이렇듯 창업자와 공동창업자의 관계는 투자자들에게 매우 중요한 요소로 관리되고 있다. 하지만 투자자가 좋아하는 잘 짜인 팀의 의미는 하나가 더 있다. 바로 '이 회사를 끝까지 같이 책임지고 갈 수 있을 것인가?'이다. 좀 더 정확히 말하면, '누가 회사에 끝까지 남아 있을 것인가?'이다.

대부분의 스타트업 대표와 공동창업자들은 처음에 모두 같은 꿈을 공유하며 끝까지 함께하고자 다짐하지만, 현실적으로 시간이 흐르면서 개인적 사정이나 생각의 차이로 공동창업자가 떠나는 일은 매우 빈번하게 발생한다. 각자의 역할이 처음 기대했던 수준에 미치지 못하거나, 회사의 사업 방향에 대한 견해 차이 또는 각자가 느끼는 인생의 기회비용의 차이 등 공동창업자들의 퇴사 사유는 매우 다양하다. 이 과정에서 서로의 앞길을 축복하며 좋게 마무리되기도 하지만, 종종 심각한 갈등으로 이어져 관계가 완전히 깨지는 경우도 적지 않다.

두 분은 어떻게 만나게 되셨나요?

투자자들은 창업자와 공동창업자들 간의 관계를 매우 중요한 투자 결정 요소로 고려하며, 이에 대해 깊은 관심을 가지고 세심하게 살펴본다. '두 분은 어떻게 회사를 만들게 되셨나요?', 'CTO님과의 관계는 어떻게 되시나요?'와 같은 질문을 통해 투자자는 그들의 관계가 장기간 쌓인 신뢰나 경제적/지분적 이해관계로 단단히 연결되어 있는지, 아니면 단순한 개인적 경험이나 일시적 감정으로 맺어진 것인지를 파악하고자 한다. 실제로 10년간 알고 지낸 지인이나 실제 일을 함께 해 본 선후배 관계가, 만난 지 2~3달 된 창업팀보다 어려움이 닥쳤을 때 서로를 지탱하며 끝까지 회사를 함께 이끌어 갈 가능성이 통계적으로 더 높다는 점은 주목할 만하다.

별도로 투자자들은 이러한 관계성을 확인한 후 한 걸음 더 나아가, 대표와 공동창업자와의 관계를 법적 구속력이 있는 계약서로 명확히 정리하는 것도 선호한다. 많은 창업자들이 초기에는 구두로 5:5 또는 3:7 정도의 지분 비율을 약속하는 경우가 많은데, 이는 기업이 성장하지 못할 때는 큰 문제가 되지 않을 수 있으나, 회사가 성장궤도에 오르기 시작하면 심각한 분쟁의 씨앗이 될 수 있기 때문이다.

이러한 맥락에서 투자자들은 특히 초기 기업에게 공동창업자와의 지분 비율을 명확한 계약서로 작성할 것을 적극 권장한다. 명확

1

한 지분비율 계약서는 공동창업자들이 기업 성장에 대한 책임감을 더욱 강하게 가지게 하며, 향후 발생할 수 있는 잠재적 분쟁 상황에서도 중요한 기준이 될 수 있다. 또한 창업자는 이 과정을 통해 회사에 대한 책임과 공동창업자와의 관계를 동시에 투명하고 깔끔하게 정리할 수 있게 된다.

창업자

"(공동창업자와) 슬픔은 나누면 반이 되고,
기쁨을 나누면 배가 된다."

공동창업자는 초기 사업을 진행할 때 정말 큰 도움이 된다. 와이컴비네이터Y-Combinator를 창업한 폴 그레이엄Paul Graham은 그의 블로그에서 스타트업이 망하는 18가지 이유 중 가장 첫 번째로 단독창업을 꼽았다. 와이컴비네이터의 전 CEO였던 샘 알트만Sam Altman 역시 혼자서는 업무량이 너무 많고 심리적으로 힘들기 때문에 단독창업보다는 공동창업을 추천했다. 이러한 관점이 실제로 반영된 결과로, 와이컴비네이터 선발기업 중 단독창업자의 비율은 10% 수준에 불과한 것으로 알려져 있다.

대표자가 수행할 수 있는 역량의 최대치는 3인분 정도로 볼 수 있다. 물론 뛰어난 천재의 경우 5~10명이 하는 일을 혼자 수행할 수 있는 경우도 있으나, 이는 극히 드문 예외적인 경우다.

따라서 창업자와 공동창업자가 각각 3인분의 일을 수행한다고 해

1

도, 두 명이서 10명 이상의 역할을 수행하기는 불가능하다. 또한 공동창업자가 아닌 계약직 직원을 채용할 경우, 아무리 우수한 인재라도 2~3명의 역할을 기대하기는 현실적으로 어렵다. 그만한 역량을 가진 인재들은 높은 인건비를 제안해도 초기 스타트업에서 일하기를 꺼리는 경우가 많기 때문이다.

하지만 공동창업자는 다르다. 그들은 낮은 급여, 때로는 무급의 상황에서도 함께 일한다. 물론 회사의 지분을 보유하고 있다는 차이가 있지만, 초기 스타트업의 지분은 당장은 '종잇조각'과 다름없다. 그럼에도 불구하고 '뛰어난 공동창업자'의 존재는 초기 창업자에게 있어 가장 큰 축복이자 경쟁력이 될 수 있다.

어떤 공동창업자를 찾아야 하는가?

통상 뛰어난 공동창업자를 찾는 것은 정말 어렵다. 뛰어난 사람을 찾는 것은 상대적으로 쉬울 수 있으나, 그들이 무보수로 내가 하고자 하는 일과 아이템에 동참할 확률은 극도로 낮기 때문이다.

그렇다고 역량과 상관없이 단순히 나를 좋아하는 사람과 공동창업을 하는 것은 더욱 위험하다. 따라서 이상적인 공동창업자는 다음과 같은 특성을 가져야 한다.

① 내가 잘하는 영역에서 나보다 더 뛰어난 역량을 보유하고 있

다. ② 내가 평소에 존경하고 배우고자 하는 인물이다. ③ 내가 하지 못하는 영역을 대부분 잘 수행한다

이러한 역량과 자질을 갖춘 사람들이 초기 스타트업의 공동창업자가 되어줄 이유는 사실 거의 없다. 하지만 만약 이런 사람을 내가 하고자 하는 사업의 공동창업자로 영입할 수 있다면, 그것은 큰 금액의 투자금을 유치하는 것보다 더 큰 가치를 창출할 수 있을 것이다.

공동창업자들은 어디서 찾을 수 있는가?

창업시장이 활성화됨에 따라 공동창업자를 찾아주는 플랫폼도 등장하고 있으며, 초기투자자나 액셀러레이터들끼리 서로 좋은 인력을 소개하는 경우도 있다. 하지만 가장 추천하는 방법은 당신의 주변부터 시작하는 것이다. 작게는 졸업한 학교의 선후배 중에서 뛰어난 역량을 가진 사람을 찾아도 좋다. 더 좋은 사항은 직장인의 경우 같이 일을 해본 직장 동료, 선후배가 제일 좋다고 볼 수 있다. 특히 같은 회사에서 함께 일했던 동료를 가장 적극적으로 추천하는 이유는, 실제 업무 수행 과정에서 그들의 업무 태도와 역량을 직접 확인할 수 있었기 때문이다. 이러한 실전 경험을 통한 검증은 공동창업자 선택에 있어 매우 중요한 판단 기준이 될 수 있다.

나는 운명의 공동창업자를 만날 수 있을까?

사업을 준비하는 사람은 한번쯤 운명과도 같은 공동창업자Co-founder가 나타나기를 기대하는 경우가 있다. 창업과 동시에 닥치는 다양한 고난과 역경을 초능력자 같은 만능 공동창업자와 함께 극복해 나아가기를 기대하기 때문이다. 물론 한국에서 자주 회자되는 말인 '사업은 하더라도 친구랑 동업하지 말아라'는 말도 있지만, 훌륭한 공동창업자는 회사나 개인에 정신적으로, 자원적으로도 큰 도움이 되는 경우는 분명하다

어떻게 공동창업자를 찾을 수 있을까?

한국에서는 비긴메이트https://www.beginmate.com나 프라이머 Primer 배치 프로그램을 통해서 공동창업자를 찾는 방법도 있지만, 와이컴비네이터Y Combinator는 공동창업자를 찾는 공식 플랫폼 https://www.ycombinator.com/cofounder-matching을 운영하고 있다.

해당 플랫폼을 통해 아이디어가 있는 사람뿐만 아니라 단순히 창업팀을 찾는 중인 사람도 이용할 수 있으며, 프로필을 작성한 후 각자의 선호도를 기반으로 매칭된다. 창업자는 관심 있는 공동창업자와 연결될 수 있고, 해당 서비스는 무료로 제공되며 비공개로 진행된다. 와이컴비네이터가 운영하기에 해당 전문성을 활용하여 매칭을 돕고, 일부 도시에서는 오프라인 모임도 제공하기도 한다.

공동창업자에게 물어볼 50가지 질문지
(Feat. 창업자 스스로 자문자답 해볼 만한)

실제로 커머스 사스SaaS 기업 시어Seer의 창업가 크리스티나 채프Christina Czap는 이 플랫폼을 통해 46명의 사람을 만난 끝에 완벽에 가까운 공동창업자를 찾았다고 한다.

이 과정을 통해서 공동창업자와 사업을 영위할 때 무엇이 중요한 사항인지를 확인할 수 있었고 서로를 꾸밈없이 이해할 수 있는 시간을 가질 수 있게 되었다고 한다. 그리고 이때의 경험을 토대로 완벽한 공동창업자를 만나기 위해 꼭 해야 할 '공동창업자에게 해야 할 50가지 질문'을 정리해서 외부에 공유했다.

6. 스트레스나 우울감을 어떻게 대처하는가?

7. 당신의 신념은 어떻게 형성되었는가?

9. 주당 몇 시간 일할 의향이 있는가? 얼마나 오래 일할 수 있
   는가?

12. 만약 당신의 역할이 회사에 필요하지 않다면 어떤 역할을 하
    고 싶은가?

15. 범죄 경력 등 창업에 영향을 끼칠수 있어 미리 알아두면 좋
    을 개인 정보가 있는가?

24. 공동창업자가 다른 공동창업자를 해고할 수 있다고 생각하
    는가?

27. 당신의 스타트업 목표는 '부자가 되는 것'인가, 아니면 '세상
    을 변화시키는 것'인가?

36. 개인적인 경제 상황이 어떻게 되는가?

37. 생존하기 위해 필요한 최소 월급은 얼마인가?

42. 동료들과 일하는 것이나 친해지는 것에 얼마의 시간을 들일
    수 있는가?

45. 우리 사이에 개인적인 갈등이 생긴다면 어떻게 해결하는 것
    이 좋은가?

49. 세 번째(또는 N+1) 공동창업자를 추가하는 것에 대해 어떻게

생각하는가?

해당 내용은 공동창업자를 찾았을 때 '서로에게 질문의 용도'로 사용되도록 만들어졌지만 개인적으로 '창업자들이 자기자신에게 해보는 질문'으로서의 가치도 충분이 있을 것이다.

지금 당장 해당 사항을 예비 공동창업자 또는 잠재적 반려자?에게 질문해 보자!

창업 그리고 팀

투자자의 시각

아무리 혁신적으로 보이는 아이디어라도, 그것을 실현할 수 있는 팀의 역량이 보이지 않는다면 투자할 수 없습니다. 투자자들이 보는 것은 단순한 아이디어가 아닌, 이를 실행하고 확장할 수 있는 창업자의 능력입니다.

또한 좋은 학벌이나 화려한 스펙보다는 실제로 일을 제대로 해낼 수 있는 실행력이 훨씬 더 중요한 판단 기준이 됩니다. 그리고 정부 과제에 과도하게 의존하는 것은 기업의 빠른 성장을 저해할 수 있으므로, 이는 보완적 수단으로만 활용되기를 권장합니다.

창업자의 시각

투자자들은 창업자의 혁신적인 아이디어와 시장 잠재력을 제대로 이해하지 못하는 경우가 많습니다. 현장에서의 실제 경험과 전문성이 학벌보다 더 중요하다고 하면서도, 결국 투자 심사 과정에서는 학교나 이전 경력을 중요하게 보는 이중적인 태도를 보이는 투자자들도 많습니다.

정부 과제는 초기 스타트업의 생존과 성장을 위한 중요한 자원이며, 이를 통해 더 큰 성장의 기회를 만들어낼 수 있기에 가능하면 긍정적으로 활용하기를 권장합니다. 또한 공동창업자와의 관계에서는 단순한 지분 계약이 아닌, 서로에 대한 깊은 신뢰와 이해가 더욱 중요합니다. 신중히 공동창업자를 찾아보세요.

고민의 흔적이 최대한 많았으면 좋겠다

다양한 창업자를 만나면서 간접적으로 느낀 것임에도 불구하고, 창업을 통한 성공의 과정은 생각보다 고되고 힘들다. 모든 창업자들은 자신이 다 성공할 것으로 자신하지만 실제로 그렇게 성공하는 사람들도 드물며, 성공한 창업자들도 다시 하라고 하면 너무 힘들었다며 못하겠다는 이야기를 빈번하게 할 정도로 사업은 꽤나 고통스러운 여정이다.

이러한 고통스러운 여정 속에 성공 확률을 단 1%라도 올리고자 한다면, 창업자는 고민을 정말 많이 해야 한다. 고민의 시점과 범위가 얼마나 되어야 하냐고 묻는다면, '가능한 한 창업 전부터 가능한 최대한 많이'라고 대답하고 싶다. 사실 너무 뻔한 이야기지만, 생각보다 이 뻔한 것을 하지 않고 창업하는 경우가 너무나 많고, 그만큼 사업이 어렵다고 느끼는 경우가 많은 것 같다.

창업자의 고민해야 할 거리는 정말 많다. 사업의 진행 관련만 해도 자신이 타깃하는 시장에 대한 정확한 크기 인식부터 그 시장에서 자신이 어떠한 전략으로 시장 점유율을 올려갈 것인지 등이 있고, 회사의 문화 관련해서도 어떤 사람들과 어떠한 모습으로 키워갈지에 대한 것 등이 있다. 고민해야 할 거리를 끊임없이 찾고, 이에 대한 답을 찾고 해결하는 것을 반복할수록 사업과 회사가 가야할 길은 분명 좀 더 명확해질 것이다.

실제로 투자자는 정말 다양한 창업자들을 만나게 된다. 그리고 그들과 미팅을 진행하며 "대표님이 원하는 모습으로 회사가 성장하려면 각 단계의 주요 마일스톤은 무엇인가?", "각 마일스톤을 A-B-C-D-E라고 했을 때 그 연결은 어떻게 해야 할까? A-B는 연결이 자연스러운데 B-C는 연결에 가정이 너무 많이 들어간 것 아닌가?", "C 단계 넘어서는 특정 경쟁자가 무조건 나올 것 같은데, 어떻게 대응할 것인가?", "지금 전략으로 했는데 고객들의 반응이 원하는 대로 안 나오면 어떻게 할 것인가? 플랜B는 있는가", "1년 안에 우리 회사가 가장 집중해야 할 것은 무엇인가?", "되게 뻔한 아이템 같은데 우리가 차별점을 정말로 가져갈 수 있나?", "이게 꼭 필요한 서비스 맞나?" 등 다양한 질문을 던지게 된다. 투자자가 정말 몰라서 물어볼 수 있지만, 이 과정은 창업자가 충분한 고민을 해보았는지 확인하기 위한 목적도 있다.

하지만 꽤 많은 경우에 투자자가 잠깐 생각해서 질문하는 내용에

1

대한 고민을, 창업자가 고민해 보지 않은 상태로 얼버무리거나 둘러대거나 고민해 본 척을 한다. 가끔 자신의 얕은 고민을 감추기 위해 자신의 말을 못 알아듣는 투자자를 답답해하며 역정을 내기도 하고, 질문에 대해 굉장히 예민하게 반응하기도 한다.

반대로, 스스로 이미 고민을 해 본 경험이 있어 그에 대한 자신의 생각을 담담하게 전달하는 창업자들은 확실히 좀 더 믿음이 가고, 그들이 성공할 확률도 높아 보인다. 그리고 그들의 회사가 성장하는 모습이 구체적으로 상상되며 기대하게 된다. 그들은 마치 투자자가 이런 질문들을 해주기를 기다리는 것 같으며, 질문의 수준을 통해 역으로 투자자의 이해 수준을 평가하기도 한다.

사업은 다양한 의사결정을 요하고, 그 다양한 의사결정의 연속 속에 최선의 답을 찾아가는 과정이며, 그것이 결국 창업자가 겪어야 하는 과정이다. 설령 최선이 아니더라도 그것을 최선으로 만들어야 회사는 꾸준히 나아갈 수 있다. 그 하나하나 과정 속에 정말 많은 고민을 해 보고, 그 흔적이 명확히 나타날 수 있다면 사업의 성공 확률은 분명 올라갈 것이라 생각한다.

Founders
and
Investors

Founders
and
Investors

첫 매출
그리고
투자 유치

2-1
벤처투자자는 슬모가 있는가?

투자자

"투자자는 정답을 알고 있는 사람이 아니다.
하지만 '정답을 아는 사람'을 알고 있을 수 있다."

투자자는 어떤 존재일까? 흔히 투자자는 단순히 자본만을 제공하는 사람이라는 이미지가 강하다. 하지만 이는 빙산의 일각에 불과하다. 투자자는 단순히 자금을 제공하는 것을 넘어, 창업자와 기업이 올바른 방향으로 나아갈 수 있도록 다양한 방식으로 도움을 줄 수 있는 중요한 파트너다.

초기 창업자들 사이에서는 간혹 투자자들의 말을 지나치게 신뢰하거나, 심지어 이를 절대적인 정답으로 받아들이고 그대로 실행하려는 사례도 꽤 있다. 심지어 한 창업자가 기투자자에게 "다른 투자사가 이렇게 하라고 했는데, 어떻게 생각하시나요?"라고 묻는 경우도 종종 볼 수 있다. 물론 투자자는 자본이라는 강력한 카드를 가진 존재이기 때문에 창업자 입장에서는 그들의 의견이 무겁게 느껴질 수 있다고 해도, 창업자의 이러한 태도는 오히려 기업의 독립적이고 창의적인 운영에 방해가 될 수 있고, 같은 투자자 입장에서 이러한 상황은 안타까울 뿐이다.

투자자는 절대 사업의 대표가 아니다. 투자자는 군사적 전략가나 책사에 비유하면 이해가 쉽다. 삼국지의 제갈량, 초한지의 한신과 같은 인물들은 군주에게 훌륭한 조언을 제공했지만 그들이 최종 결정을 내리지는 않았고, 군주는 조언을 참고하여 자신의 판단으로 결정을 내렸다. 마찬가지로 창업자들도 투자자의 이야기를 참고 자료 수준으로 받아들여야 하며, 최종적인 결정은 스스로 내려야 한다.

바로 투자자의 자산 및 네트워크를 전략적으로 활용하는 것이다. 투자자는 기업 성장의 여정을 함께하는 동반자이자, 창업자가 활용할 수 있는 다양한 자원을 가진 협력자이다.

간혹 외부 투자를 거부하며 자생적인 성장을 고집하는 기업들이 있다. 그들은 투자자를 탐욕적인 자본가 또는 기업의 주도권을 빼앗으려는 사기꾼으로 오해하는 경우가 많다. 하지만 이는 명백히 잘못된 인식이다. 오히려 투자자는 창업자에게 다음과 같이 중요한 도움을 제공할 수 있다.

첫째, 정량적 분석 및 경영 관리 지원이다. 투자자는 기업의 재무구조와 사업구조를 정량적으로 분석하는 데 있어 전문적인 역량을 갖추고 있다. 이들은 수많은 기업들을 분석하고 투자하는 과정에서 축적된 경험을 바탕으로, 기업의 현재 상태와 잠재적 리스크를 종합적으로 평가할 수 있는 안목을 보유하고 있다. 투자 유치 과정에서 진행되는 실사Due Diligence는 단순히 기업의 현재 상태를 점검하는 과정을 넘어, 문제점을 발견하고 구체적인 개선 방향을 제안하는 컨설팅의 과정으로도 활용된다.

특히, 창업자가 재무나 세무, 법무 등 다양한 분야에 전문성을 갖추고 있지 않은 경우, 투자자는 이러한 전문 영역의 부족한 부분을 보완해 줄 수 있는 중요한 파트너가 된다. 투자자들은 포트폴리오사의 성공적인 운영 경험을 통해 축적된 노하우를 바탕으로, 초기 기업들이 흔히 겪는 시행착오를 최소화할 수 있도록 도움을 준다. 또한 투자자는 지속적으로 기업의 경영 데이터나 핵심성과지표 KPI를 체계적으로 분석하며, 사업의 방향성을 점검하고, 필요할 경우 창업자에게 적시에 경고를 제시하여 위험 요소를 조기에 발견하고 대응할 수 있도록 한다. 이러한 투자자의 전문적인 모니터링과 조언은 기업이 안정적인 성장 경로를 유지하며 지속 가능한 발전을 이루는 데 매우 큰 도움이 된다.

둘째, 성장 전략 수립 및 네트워크 활용이다. 기업이 성장하는 과정에서 창업자는 다양한 선택지와 전략적 고민 앞에 놓이게 된다. 사업 확장의 방향성, 신규 시장 진출 시기, 조직 구조 개편, 핵심 인재 영입 등 수많은 의사결정이 필요한 상황에서, 투자자는 창업자가 혼자 고민하지 않도록 자신의 전문성과 네트워크를 적극 활용하여 명확한 방향성을 제시하는 역할을 한다.

또한 투자자는 기업의 지속적인 가치 상승을 위해 다각도의 지원을 제공한다. 후속 투자자 소개와 투자 유치 과정 전반에 대한 자문은 물론, 새로운 사업 기회 발굴, 핵심 인재 추천, 전략적 파트너십 구축 등 기업 성장에 필요한 모든 방면에서 실질적인 도움을 제공한다. 특히 IPO나 M&A와 같은 엑시트 과정에서는 창업자가 혼자서는 해결하기 어려운 복잡한 문제들을 함께 풀어나가는 든든한 동반자 역할을 수행한다.

이러한 투자자의 역할은 내부 직원이나 외부 컨설턴트만으로는 수행하기 어려운 특별한 영역이다. 내부 직원들은 일상적인 업무 실행에 집중해야 하고, 외부 컨설턴트는 일시적인 자문에 그치는 반면, 투자자는 기업의 장기적 성공을 위해 지분 가치 상승이라는 공동의 목표를 가지고 지속적으로 협력하며 기업의 성장을 지원하기 때문이다. 이러한 맥락에서 투자자의 전략적 조언과 실행 지원은 스타트업의 성장 과정에서 더욱 빛을 발하게 된다.

셋째, 창업자의 멘털 관리이다. 창업자는 종종 막대한 스트레스와 고민을 홀로 감당해야 하는 상황에 직면한다. 회사의 생존과 성장에 대한 부담감, 조직 관리의 어려움, 시장 환경의 불확실성 등 수많은 고민이 있지만, 이를 편하게 나눌 수 있는 대화 상대를 찾기는 쉽지 않다. 회사 내부 직원들에게 모든 고민을 털어놓는 것은 리더십 이미지나 조직 문화에 영향을 미칠 수 있어 조심스러우며, 외부에서는 회사의 민감한 사안을 공유하고 신뢰할 만한 대상을 찾기가 더욱 어려운 것이 현실이다.

많은 경우 창업자들은 투자자에게 회사의 문제점들을 공유하는 것을 두려워하는 경향이 있다. 투자금을 회수하거나 지분 가치가 하락할 것을 우려하여 투자자에게는 항상 긍정적인 모습만 보여주고 싶어 하며, 이로 인해 실질적인 도움을 받을 수 있는 기회를 놓치기도 한다. 하지만 마음이 맞고 신뢰할 수 있는 투자자는 창업자에게 든든한 동반자가 될 수 있다. 이들은 창업자의 신뢰를 바탕으로 개인적인 스트레스나 리더십 고민, HR 문제 등 다양한 어려움을 함께 나누고, 그들의 경험과 전문성을 바탕으로 실질적인 해결책을 모색하는 중요한 대화 상대가 된다.

투자자는 기업의 성장뿐만 아니라 창업자 개인의 성장에도 깊은 관심을 가진다. 많은 투자자들은 창업자와 더욱 많은 대화를 나누며 그들의 고민과 감정에 공감하고자 노력하며, 단순한 자금 제공자를 넘어 창업자의 전인적 성장을 돕는 멘토 역할을 수행한다. 사업이 커질수록 창업자의 고민은 필연적으로 더욱 고차원적으로 변화하게 되고, 이 과정에서 투자자와 나누는 다양한 대화는 창업자에게 새로운 통찰과 해결책을 제시하는 데 큰 도움이 된다.

특히 투자자는 다른 창업자와의 유의미한 연결 고리를 제공할 수 있다는 점에서 독특한 가치를 지닌다. 유사한 고민과 어려움을 겪었거나 겪고 있는 다른 창업자와의 만남을 주선하고, 그들의 경험을 공유받을 수 있는 기회를 제공함으로써, 창업자가 더 넓은 시각에서 문제를 바라보고 혼자라는 고립감을 해소하는 데 실질적인 도움을 준다.

투자자는 급여를 받지 않는 대신, 지분 가치 상승이라는 공동의 목표를 가지고 창업자와 비슷한 고민을 함께 나누고 해결할 수 있는 특별한 인적자원이다. 창업자가 투자자에게 더욱 적극적으로 대화를 요청하고 소통할수록, 투자자는 창업자가 직면한 도전을 함께 해결하는 동반자 역할을 더욱 효과적으로 수행할 수 있게 된다. 실제로 이러한 긴밀한 협력 관계가 발전하여 투자자가 피투자 기업의 경영진으로 합류하거나, 창업자와 함께 뛰어난 성과를 만들어낸 사례도 상당수 존재한다.

물론 모든 투자자가 이러한 역할을 완벽히 수행하는 것은 아니지만, 창업자가 자신과 철학을 공유하고 신뢰할 수 있는 적합한 투자자를 만난다면, 이들은 분명 기업 성장의 든든한 파트너가 되어줄 것이다. 따라서 투자자는 창업자가 경계하고 거리를 두어야 할 외부 자원이 아닌, 기업의 성공을 위해 적극적으로 활용할 수 있는 가장 강력한 내부 자원으로 인식되어야 한다.

창업자가 VC가 된다면 투자도 잘할까?

창업자들이 투자자들을 자주 비난하는 이야기 중 하나는 '투자자는 창업을 해 본 경험이 없다, 창업과 투자는 전혀 다르다'일 것이다. 즉 투자자는 기업을 정량적으로 이해만 할 뿐 실제 업무는 전혀 다르기에 사업을 수행하는 것과 투자하는 것은 전혀 다르다는 것이다. 이와 관련하여 재미있는 연구 결과가 있다.

그것은 〈창업자가 VC가 된다면? Founders as Venture Capitalists〉
이라는 논문 제목으로 22년 4월 NBER에 실렸는데, 1990년부터
2019년까지의 미국 VC의 투자 데이터VentureSource를 통해 창업자
중 VC가 된 인력 및 일반 VC들의 투자 활동, 투자 라운드 그리고
결과IPO, 인수 여부를 분석한 것이다.

	Professional VCs	Successful founder-VCs	Unsuccessful founder-VCs
VC characteristics			
Works at VC investing firm		89.0%	85.4%
Top school	43.9%	56.6%	53.9%
Average Age (years)	52.49	55.36	54.07
Career outcomes			
Investment Success	23.2%	29.8%	19.2%
IPO	9.4%	12.4%	7.1%
Number of deals	5.77	6.69	4.90
Career length (years)	11.53	12.15	9.58
Investment in same industry as startup		63.9%	56.8%

투자 성공률 정의: 투자 기업이 IPO(기업공개)를 하거나 인수 합병M&A을 통해 총 투자금보다
더 높은 가치로 회수되는 경우

결과부터 이야기하자면, 성공한 창업자VC들은 투자 성공률*이
일반 VC들보다 6.5% 더 높았다(창업자VC/29.8%, 일반VC/23.2%). 투
자 건수도 6.69건으로 일반 VC보다 16% 더 높았으며, 투자의 끝인
IPO까지 이른 확률은 12.4%였다.

Characteristics of founders of portfolio firms			
	Professional VCs	Successful founder-VCs	Unsuccessful VC-founder
Founder was a startup coworker		3.9%	1.9%
Network hires		30.3%	18.7%
Startup experience	7.48	7.54	6.71

또한 의미 있는 사항으로 창업자VC의 경우 기존에 창업했던 산업군과 동일한 영역에서의 투자 시 성공확률이 더 높았으며, 투자 대상을 본인과 같이 일한 창업자들에게서 찾거나 투자기업들을 지원할 때는 본인들의 네트워크를 통해 인재를 추천해 주기도 했다.

즉 투자 성공확률 측면에서 본다면 일반VC의 경우 거래 전 'Deal의 품질(낮은 가격)'로 인해 성공확률이 높았다면, 창업자VC의 경우 거래 후에도 '지속적 가치(창업자VC의 네트워크, 자원 등)를 제공'하여 투자 성공확률을 높인 것이다.

논문의 결과는 창업자의 성공경험은 투자자의 업 전환에도 도움되는 경우가 많으며, 주로 이전 사업 경험을 통해 쌓인 네트워크를 활용한 잠재적 Deal 발굴 뿐만 아니라 인재 채용 등과 같은 기업의 성장지원에도 도움을 줄 수 있다는 것이다.

투자 네트워크의 본질

뛰어난 투자자의 역량 중 하나가 네트워크라고 이야기하면 누군가는 '술만 먹고 그들끼리 클럽딜을 하는 게 무슨 투자자의 네트워크냐'고 이야기하는 경우가 있다. 진정한 투자자의 네트워크라고 하면 특정 산업에 깊숙이 연결되어 있어 해당 산업을 잘 이해할 수 있고, 그 산업 중에 숨은 보석과 인재를 찾아내는 게 진정한 투자자의 네트워크가 아닐까?

창업자

"투자자는 활용 가치 높은
무임금 어드바이저!"

　투자자와 창업자 간의 힘의 균형은 필연적으로 투자자 쪽으로 기울어져 있다. 투자 유치를 원하는 창업자의 수가 많기 때문에, 대부분의 경우 투자자가 선택권을 가지게 되는 구조다.

　물론 예외적인 경우도 있다. 연쇄 창업가나 인플루언서급 창업자처럼 검증된 실력자들은 여러 투자자 중에서 본인들의 비전과 가치관이 일치하는 투자자를 선별해서 투자를 받을 수 있다. 하지만 이는 일반적인 창업자들에게는 쉽게 일어나기 어려운 상황이다.

　결국 대부분의 창업자들은 수많은 투자자들을 만나며, 이 과정에서 투자가 어려운 다양한 논리적 이유들을 듣게 된다. 이러한 피드백은 때로는 회사가 긍정적인 방향으로 나아가는 데 도움이 되기도 하지만, 반대로 투자자들의 의견을 과도하게 수용하다가 본래의 사업 구조가 왜곡되는 부작용이 발생하기도 한다.

투자자들은 투자 거절 시 주로 논리적인 사유를 제시하는 경향
이 있다. '제안하신 사업 모델이 이러한 이유로 성공이 어려울 것
같다' 또는 '현재의 사업 모델보다는 이런 형태로 전환하면 어떨까
요?'와 같은 구체적인 피드백을 제공한다.

이런 상황에서 창업자들은 투자자와의 힘의 불균형으로 인해 자
연스럽게 투자자들의 의견에 더 높은 신뢰를 부여하게 된다. 문제
는 이러한 과정이 반복되면서 발생한다. 처음에는 창업자 본인의
가설을 바탕으로 시작했던 사업이, 점차 여러 투자자들의 거절 사
유를 종합한 전혀 다른 형태의 사업으로 변질될 수 있다는 것이다.

사업의 성공을 100% 확신할 수 있는 사람은 없다. 투자를 집행하
는 투자자들조차도 투자 기업의 성공을 장담하지 않는다. 그렇다면
확신이 없는 사업을 진행하면서, 단순히 투자자의 말만 신뢰하며
사업 방향을 바꾸는 것이 과연 올바른 선택일까?

사업 모델에 대한 가장 큰 확신은 창업자 본인이 가져야 한다. 해
당 산업을 가장 깊이 이해하고 있는 사람도 바로 창업자일 것이다.
따라서 실제 책임을 지지 않는 투자자들의 일시적인 의견에 본인의
사업 모델과 가설이 흔들릴 필요는 없다. 창업자는 자신이 세운 가
설을 스스로 증명해 내는 데 집중해야 한다.

더 나아가 생각해 보자. 만약 투자자의 제안이 정말 옳다면, 그 다

음 단계에서도 계속 그 투자자의 자문을 구해야 하는가? 마치 그리스 신화에서 신들의 신탁을 받듯이? 오히려 사업 모델을 그토록 정확히 제시할 수 있는 투자자라면, 왜 직접 사업을 하지 않는 것일까?

중요한 것은 투자자들이 절대적인 정답을 가지고 있지 않다는 점이다. 때로는 오답을 정답인 것처럼 제시하는 경우도 있다는 사실을 항상 명심해야 한다.

창업은 스스로가 개척해야 할 길

창업은 생각보다 외로운 여정이다. 하지만 이러한 외로움을 견디지 못하고 타인의 자문에 과도하게 의지할수록, 실패의 책임마저 타인에게 전가하게 될 위험이 커진다. 그러나 이러한 외로움은 역설적으로 축복일 수 있다. 창업자만이 볼 수 있는 명확한 길이 존재한다는 증거이기 때문이다. 그것이 사업 모델이든, 기업의 비전이든, 그 길은 오직 창업자 스스로 개척해 나가야 한다.

조언의 바다에서 침몰한 로마 갈바 황제

Publius Sulpicius Galba, 기원전 3년~서기 69년

갈바는 네 명의 황제가 연달아 즉위했던 로마 제국의 혼란기, 이른바 "네 황제의 해Year of the Four Emperors" 중 첫 번째 황제였으며, 독자적인 결단력 없이 타인의 조언에만 의지하여 이리저리 흔들리며 로마 시대를 저물게 한 대표적인 사례이다.

바티칸 박물관에 보관중인 갈바 황제 조각상

출처: 위키미디어Wikimedia Commons, Public Domain

서기 68년, 폭군 네로의 자살로 제국이 혼란에 빠졌을 때, 히스파니아 타라코넨시스Hispania Tarraconensis의 총독이었던 갈바는 원로원과 군대의 지지 속에 황제의 자리에 올랐다. "로마를 다시 일으켜 세우리라." 이 선언과 함께 그의 통치가 시작되었다.

하지만 로마에 도착한 후, 갈바의 귓가에는 끊임없이 서로 다른 조언들이 울려 퍼졌다.

"폐하, 네로 황제가 약속한 군대 보상금은 지급해서는 안 됩니다. 국고가 비어 있습니다." 재무 담당관이 진언했다.

"군대의 사기가 떨어질 것입니다. 보상금 지급이 필요합니다." 군사 고문관이 반박했다.

갈바는 재무 담당관의 조언을 받아들였고, 엄격한 재정 긴축 정책을 펼쳤다. 검소함을 강조하는 그의 정책은 사치에 익숙해진 로마의 민중과 군대 모두의 원성을 샀다. 한 고위 장교는 이렇게 분노를 터뜨렸다.

"네로 황제가 약속한 보상금마저 지급하지 않다니! 이런 구두쇠 같은 황제는 처음이다!"

또한 후계자 선정에서도 황제는 조언자의 말에 따라 루키우스 칼푸르니우스 피소 프루기 리키니아누스Lucius Calpurnius Piso Licinianus를 후계자로 지명했다.

"피소야말로 로마의 전통적 가치를 이해하는 자다. 그가 나의 뒤를 이어야 한다."

이 결정은 치명적이었다. 실제 고령의 갈바황제 이후 1순위 후계자였던 마르쿠스 오토Marcus Salvius Otho는 크게 반발했고, 불만에 찬 군인들을 모아 반란을 일으키게 되었다.

결국 서기 69년 1월, 로마 광장에서 갈바는 오토의 반란군에게 비참한 최후를 맞이했다. 그의 머리는 창에 꽂혀 로마 거리를 돌아

다녔고, 제국은 더 큰 혼란 속으로 빠져들었다.

  갈바의 7개월 치세는 한 가지 교훈을 남겼다. 지도자는 조언을
구할 줄 알아야 하되, 그 책임은 온전히 본인이 져야 한다는 점이
다. 갈바는 재정 긴축이라는 올바른 방향을 보았으나, 시대의 흐름
과 민심을 읽지 못했다. 외부의 조언과 신탁에만 의지한 의사결정
은 로마 제국을 혼란으로 이끌었고, 자신의 파멸 또한 자초했다.

2-2
스타트업의 데모데이
꼭 참여해야 하는가?

투자자

"데모데이는 데모데이일 뿐이다."

데모데이Demoday란 스타트업이 자신의 사업을 소개하고 성과를
발표하며 투자자를 만날 수 있는 중요한 자리다. 그 시작은 미국 실
리콘밸리의 와이콤비네이터Y- Combinator에서 출발하였으며, 이는
스타트업의 성장을 가속화하는 혁신적인 플랫폼으로 평가받았다.
이러한 움직임은 글로벌 스타트업 생태계로 빠르게 확산되어 현재
는 전 세계적으로 보편화된 창업 문화의 한 축이 되었다.

국내에서도 정부기관, 민간기업, 액셀러레이터 등 다양한 주체들
이 저마다의 특색 있는 방식으로 데모데이를 개최하며 스타트업 생

태계 활성화에 기여하고 있다. 창업자들에게 데모데이는 사업을 피칭하고 잠재적 투자자들과의 소중한 접점을 만들 수 있는 기회가 되며, 투자자들 역시 혁신적인 비즈니스 모델과 성장 가능성을 지닌 우수한 기업을 발굴할 수 있는 이점이 있다. 하지만, 이러한 데모데이 플랫폼의 실효성과 한계점에 대해서는 다양한 관점에서의 검토가 필요하다.

데모데이 수상에 관심 없는 투자자

실제 많은 투자자들은 데모데이에서의 수상 실적을 투자 결정의 주요 기준으로 삼지 않는 경향을 보인다. 초기 스타트업 생태계가 충분히 발전하지 않았던 시기에는 투자자들이 우수한 초기 기업을 발굴할 기회가 제한적이었고, 이에 따라 데모데이와 같은 행사가 기업 발굴의 중요한 창구 역할을 했다. 그러나 오늘날에는 소셜미디어, 전문 커뮤니티, 투자 플랫폼 등 다양한 채널이 활성화되면서 우수 기업들을 더욱 효과적으로 발굴할 수 있는 환경이 조성되었다.

또한 정부, 민간, 대기업 등 다양한 주체들이 주최하는 데모데이의 수가 크게 증가하면서, 개별 데모데이의 차별성과 영향력은 상대적으로 감소하는 추세를 보인다. 더욱이 데모데이의 심사 결과는 본질적으로 주관적인 성격을 띨 수밖에 없다는 한계가 있다. 주관사가 초청한 외부 전문가들로 구성되는 심사위원들은 각자의 산업 경험과 투자 관점에 따라 서로 다른 평가 기준을 적용하게 되며, 이로 인해 특정 데모데이에서 저평가된 기업이 다른 데모데이에서는 높은 평가를 받는 사례가 빈번하게 발생한다.

창업자가 제한된 시간 안에 사업을 효과적으로 피칭하는 능력은 중요한 역량 중 하나일 수는 있으나, 그것만으로 기업의 우수성을 판단해 투자 결정을 내리기는 부족하다. 실제 투자 검토 과정에서는 비즈니스 모델의 실현 가능성, 시장의 성장성, 팀의 전문성, 재무적 건전성 등 다양한 요소들이 종합적으로 고려되어야 한다. 데모데이는 이러한 복잡한 요소들을 짧은 시간 내에 모두 검증하기 어려운 형태의 행사일 수밖에 없다. 물론 극초기 창업자들에게 데모데이는 상당히 유익한 기회가 될 수 있다. 정해진 시간 안에 사업을 효과적으로 설명하는 피칭 역량을 개발할 수 있으며, 사업의 성과가 아직 구체화되지 않은 시점에서 다양한 전문가들의 질문과 피드백을 한 자리에서 받을 수 있는 귀중한 자리이기 때문이다.

그러나 기업이 어느 정도 성장한 이후라면, 데모데이 참여는 오히려 비효율적인 선택이 될 수 있다. 데모데이는 발표 자료 준비부터 리허설, 당일 행사 참여까지 상당한 시간과 인적 자원을 필요로 하기 때문이다. 성장 단계에 접어든 기업에게는 다수의 투자자들을 대상으로 한 짧은 시간의 피상적인 피칭보다는, 잠재적 시너지가 큰 특정 투자자와의 깊이 있는 대화를 통해 장기적인 파트너십을 모색하는 것이 회사의 실질적인 성장에 더욱 도움이 된다. 이 과정에서 받게 되는 다양한 관점의 질문들은 사업의 방향성을 더욱 명확히 하고 잠재적 위험 요소들을 사전에 파악하는 데도 도움이 된다.

그럼에도 불구하고 투자자들이 데모데이에 참석하는 이유

투자자들에게 데모데이는 어떤 의미일까? 데모데이가 실질적인 투자 결정에 큰 영향을 미치지 않음에도 많은 투자자들이 꾸준히 참석하는 이유는 생태계 내의 복잡한 이해관계와 연관되어 있다. 데모데이는 투자사가 직접 개최하기도 하지만, 정부부처나 투자자들의 자금 출처인 출자사LP들이 개최하는 경우도 상당수를 차지한다. LP들은 각자의 정책적, 전략적 목적에 따라 데모데이나 졸업기업 네트워킹과 같은 스타트업 지원 행사를 진행하며, 이 과정에서 주요 투자자들을 초청하여 실질적인 투자로 이어지기를 기대한다. 투자자들 역시 LP들과의 장기적인 관계 유지를 중요하게 여기며, 한 자리에서 다수의 유망 기업을 효율적으로 살펴볼 수 있다는 점과 잠재적인 우수 기업 발굴의 가능성을 고려하여 데모데이에 참석하는 경향을 보인다.

물론 데모데이는 창업자와 투자자 모두에게 분명 의미 있는 네트워킹과 학습의 기회를 제공할 수 있다. 창업자는 동료 창업자들의 피칭을 관찰하며 간접적인 학습 효과를 얻을 수 있으며, 투자자들은 새로운 산업 트렌드와 혁신적인 비즈니스 모델을 접할 수 있다. 그러나 데모데이에서의 수상 실적이나 성과에 과도한 의미를 부여할 필요는 없다. 창업자는 데모데이 준비에 회사의 인적, 물적 자원을 지나치게 투입하기보다는 사업의 본질적 가치 창출에 집중하는 것이 훨씬 더 중요하다. 실력 있는 기업은 결국 자연스럽게 투자자들의 관심을 받게 되며, 데모데이는 그러한 연결 과정의 여러 채널 중 하나일 뿐, 절대적인 수단은 아니다.

데모데이Demo Day의 시초

스타트업 생태계에서 오늘날 핵심적인 행사로 자리잡은 데모데이 Demo Day의 시초는 2005년 Y-Combinator가 시작한 액셀러레이팅 프로그램에서 찾을 수 있다. Y-Combinator는 당시 8개의 스타트업에 각각 1만 달러를 투자하고, 3개월 동안의 인턴십 스타일 프로그램을 제공하는 혁신적인 방식으로 스타트업 생태계의 새로운 장을 열었다. 이후 이 프로그램은 체계적인 멘토링 중심으로 확장되어, 참여 스타트업들이 투자 유치를 준비하고 다양한 창업 관련 문제들을 해결하는 데 실질적인 도움을 주는 모델로 발전했다.

와이컴비네이터의 창업자 폴 그레이엄과 그의 와이프인 제시카 리빙스턴

출처: Y-Combinator

일반적인 액셀러레이터의 사업 모델은 3가지 핵심 요소로 구성된다. 첫째, 스타트업에 소액의 초기 자금을 투자하고, 둘째, 그 대가로 일정 비율의 지분을 받은 뒤 압축적인 성장 프로그램을 통해 기업을 성장시키며, 셋째, 데모데이를 활용하여 해당 투자기업을 초기 투자시점의 기업가치보다 높게 성장시켜 후속 투자를 유치하는 것이다. 이러한 모델은 스타트업과 액셀러레이터 모두에게 윈-윈이 되는 구조를 만들어냈다.

와이컴비네이터의 구체적인 운영 방식을 살펴보면, 현재는 스타트업당 50만 달러에서 100만 달러 사이의 투자를 집행하고, 이를 통해 보통 7% 정도의 지분을 획득한다. 이후 3~6개월 동안 집중적인 성장 프로그램을 진행하는데, 이 기간 동안 스타트업들은 제품 개발, 비즈니스 모델 구축, 고객 확보 등 핵심 과제에 집중하며 와이컴비네이터로부터 주 1회 전문적인 멘토링을 통해 기업의 주요 지표가 상승하도록 지원받는다. 프로그램의 마지막 단계에서는 데모데이가 개최되며, 이 자리에서 스타트업들은 다수의 투자자들 앞에서 그동안의 성과와 미래 비전을 발표하게 된다.

와이컴비네이터의 이러한 혁신적인 접근은 놀라운 성과로 이어졌다. 에어비앤비, 드롭박스, 레딧, 스트라이프와 같은 글로벌 유니콘 기업들을 배출했으며, 현재까지 약 2,000개의 스타트업을 육성해 총 평가액 6,000억 달러('23년 기준)라는 괄목할 만한 성과를 이뤄냈다. 와이컴비네이터의 성공은 전 세계 스타트업 생태계에 큰 영감을 주었고, 2006년에는 데이비드 코헨, 브래드 펠드, 데이비드 브라운, 제러드 폴리스가 '테크스타즈Techstars'라는 새로운 액셀러레이터를 설립하게 되었다. 테크스타즈 역시 Y-Combinator의 모델을 기반으로 한 프로그램 운영을 통해 지금까지 1600개의 회사를 성공적으로 지원했으며, 이들의 총 시장 가치는 182억 달러에 이르는 놀라운 성과를 달성했다.

창업자

"데모데이가 의미 없다고 하는 당신은
투자자를 만나기 위해 어떤 노력을 하는가?"

창업 생태계에서 가장 중요한 현실 중 하나는 창업자와 투자자 사이의 '정보 비대칭' 현상이다. 대부분의 창업자들은 첫 창업을 시작하며 투자 유치라는 도전에 직면하게 된다. 물론 여러 번의 창업 경험이 있는 연쇄 창업가들은 예외지만, 대다수의 창업자들은 이러한 경험이 전무한 상태다. 반면 투자자들은 이미 수십, 수백 번의 투자 경험을 보유하고 있다.

이러한 경험의 차이는 자연스럽게 정보의 격차를 낳는다. 투자자들은 비슷한 사업 모델이나 아이디어를 여러 투자사나 다른 창업자들을 통해 이미 접해 봤을 가능성이 높으며, 해당 시장과 경쟁사에 대한 깊이 있는 인사이트를 갖고 있다. 이러한 정보와 경험의 격차는 결국 창업자와 투자자 사이의 불균형한 관계를 형성하게 되고, 이는 투자자들이 신생 창업자와의 만남을 조심스러워하는 주된 이유가 된다.

2

이러한 구조적 불균형 속에서 창업자들은 이중고에 시달린다. 투자자를 만나는 것 자체가 어려울 뿐만 아니라, 귀중한 만남의 기회를 얻더라도 거절을 당하는 경우가 빈번하다. 게다가 많은 창업자들은 어떤 투자자들이 존재하는지, 어떻게 접근해야 하는지에 대한 기본적인 정보조차 얻기 힘든 상황에 처해 있다.

이러한 맥락에서 '데모데이가 효과 없다'며 참여를 망설이는 창업자들은 본인의 사업에 대한 진정성과 열정이 부족하다고 볼 수밖에 없다. 오히려 이러한 정보의 비대칭 상황에서는 데모데이든, 네트워킹 행사든, 어떤 형태로든 투자자와의 접점을 만들 수 있는 모든 기회를 적극적으로 활용해야 한다. 이것이 바로 정보의 격차를 줄이고 투자 유치 가능성을 높이는 가장 현실적인 방법이다.

사소한 인연을 투자의 기회로

모든 데모데이에 무작정 참석하거나 투자자를 만나라는 것은 아니다. 또한 단 한 번의 만남으로 투자가 결정될 것이라 기대하는 것은 더욱 큰 오산이다.

투자자와의 첫 만남에서 명함 교환이 이루어졌다면, 그 다음 단계는 매우 중요하다. 바로 회사의 성장 현황을 주기적으로 공유하는 것이다. 심지어 처음에 투자 불가 의견을 냈던 투자자라도, 꾸준한 성장 지표와 매출 추이를 확인한다면 다시 한번 관심을 가질 가능성이 높아진다. 결국 지속적인 성장 지표만큼 강력한 투자 유치의 근거는 없기 때문이다.

한편, 투자 데모데이에 참여했으나 수상하지 못했다고 해서 실망할 필요는 전혀 없다. 데모데이의 심사는 주관사가 초청한 외부 심사위원들의 주관적인 평가로 이루어진다. 당일 참석하는 심사위원의 전문 분야나 구성에 따라 결과가 크게 달라질 수 있다는 점을 이해해야 한다.

오히려 데모데이를 통해 제한된 시간 안에 자신의 사업을 명확하게 설명하는 실전 경험을 쌓을 수 있다는 점에 더 큰 의미를 두어야 한다.

스타트업 생태계 전문가들이 이야기하는 창업자를 위한 발표 팁

1. Product, not pitch — 제품 중심의 접근

Y Combinator의 창업자 폴 그레이엄은 〈확장성 없는 일을 하라 Do Things that Don't Scale〉라는 에세이를 통해 초기 스타트업의 핵심 과제를 강조했다. 화려한 발표보다는 제품이 해결하는 문제와 고객에게 제공하는 가치에 집중해야 한다는 것이다. 결국 좋은 발표보다 좋은 제품이 먼저라는 얘기다.

2. Keep it concise — 핵심에 집중하는 발표

테크스타Techstars의 공동창업자 데이비드 코헨David Cohen은 발표의 간결성을 강조한다. 특히 뛰어난 창업자일수록 청중의 이해도를 과대평가하여 너무 많은 정보를 전달하려는 실수를 범한다고 지적한다. 대신 사업의 핵심 가치와 3-4개의 주요 강점에 집중할 것을 제안한다.

3. Use storytelling — 감동을 주는 이야기 전 애플 마케팅 책임자

가이 가와사키Guy Kawasaki는 '10/20/30 법칙'10장의 슬라이드, 20분의 발표, 30포인트 이상의 글자을 통해 간결한 스토리텔링의 중요성을 강조한다. 특히 창업 동기나 성장 과정에서 얻은 통찰과 같은 창업자만의 진정성 있는 이야기가 청중을 설득하는 데 효과적이라고 조언한다.

4. Build trust with data — 데이터 기반의 신뢰

업프론트 벤처스Upfront Ventures의 파트너 마크 서스터Mark Suster는 구체적인 수치와 실제 사례의 중요성을 강조한다. 추상적인 주장보다는 실제 데이터와 고객 사용 사례를 통해 신뢰를 구축해야 한다는 것이다. 결국 숫자만큼 강력한 설득의 도구는 없다.

5. Show a clear understanding of competition — 경쟁사에 대한 균형

잡힌 시각

링크드인LinkedIn의 공동창업자 리드 호프만Reid Hoffman은 경쟁사를 과소평가하거나 무시하는 것을 경계해야 한다고 강조한다. 경쟁사를 비난하거나 자사의 우월성만을 강조하기보다는, 차별화된 접근 방식과 그로 인한 경쟁우위를 객관적으로 설명하는 것이 중요하다.

6. Emphasize the team — 팀의 경쟁력 부각

와이콤비네이터Y Combinator의 CEO 마이클 세이벨Michael Seibel은 창업팀의 강점 부각이 중요하다고 강조한다. 단순히 사업 기회나 아이디어를 넘어, 왜 이 팀이 해당 사업을 성공시킬 수 있는지에 대한 명확한 설명이 필요하다는 것이다.

이러한 발표 원칙들은 단순히 데모데이에만 국한되는 것이 아니다. 사업을 소개하는 모든 순간, 특히 제한된 시간 내에 핵심 가치를 전달해야 하는 모든 상황에서 적용될 수 있는 핵심 원칙들이다.

특히 투자자나 고객을 대상으로 하는 발표에서는 더욱 중요하다. '제품의 본질'에 집중하고, '간결하고 명확한 메시지'를 전달하며, '설득력 있는 스토리텔링'으로 청중을 사로잡고, '구체적인 데이터'로 신뢰를 쌓으며, '경쟁사에 대한 균형 잡힌 시각'을 보여주고, '팀의 강점'을 효과적으로 부각시키는 것. 이 모든 요소들은 짧은 시간 안에 자신의 사업을 가장 효과적으로 전달하는 핵심 전략이 된다.

IR 자료의 의미

IRInvestor Relations은 투자자와 관계를 맺는 행위로, 기업이 투자자에게 각종 정보를 제공하는 활동을 말한다. 스타트업이 내부적으로 실제 사업을 위해 비즈니스 모델을 구체화한 사업 계획서를 이미 작성했더라도, 이를 그대로 투자자에게 보여주는 것은 적절치 않다. 투자자를 위한 IR 자료는 일반 고객 대상의 회사소개서나 제품 소개서, 구인용 HR 성격의 회사소개서, 협력사를 위한 제안서, 정부 지원사업 지원서 등과는 차이가 있으며, 모두 각각의 용도에 맞게 작성해 활용해야 한다.

투자자와 1:1로 IR을 진행할 때의 발표 자료는 대중을 주 대상으로 하는 공개 데모데이나 짧은 시간 안에 심사위원의 평가를 받아야 하는 경진대회용 자료와는 차이가 있다. 실제로 투자자들은 대중을 대상으로 한 멋진 발표 자료도 의미가 있지만, 좀 더 담백하면서도 개성이 있고 구체적인 자료를 기대하는 편이다. 따라서 IR 자료는 무엇보다 투자자를 주 대상으로 하여 투자자의 입장을 고려하여 작성해야 한다. 투자자가 관심을 가지거나 궁금해하는 점들과 투자 검토 시 고려하는 내용을 제대로 준비하여 투자자를 설득하고 공감을 끌어낼 수 있어야 한다.

IR 피칭 자료뿐만 아니라 콜드 메일로 보내는 투자 제안서나 첫 미팅 때 발표 자료 등도 분량과 구체적인 정도의 차이를 제외하면 모두 IR 자료에 해당한다. 메일로 보내는 IR 자료는 너무 도식화된 대면 발표용 자료 형태로 만들면 이해하기 힘들 수 있으니, 적당한 도식과 함께 명확하게 글로 설명된 자료가 이해하기 쉬울 수 있다. 도식화된 발표용 IR 자료를 서면으로 그대로 보낼 경우 "자료만 보고는 도대체 무슨 이야기인지 모르겠다"는 반응을 얻을 수도 있다.

IR 자료는 기본적으로 투자자를 위한 것이지만, 자료를 만들며 스스로 사업에 대한 생각을 정리해 보는 좋은 기회로 삼을 수도 있다. 이를 통해 창업자는 자신의 사업 모델과 전략을 더욱 명확히 할 수 있으며, 투자자의 관점에서 사업을 바라보는 시각을 키울 수 있다.

IR 자료 작성 10계명 (세콰이어캐피털Sequoia Capital)

IR 자료 작성에는 정해진 정답은 없으나, '세콰이아캐피털의 사업 계획 작성법'은 많은 이들이 기본 틀로 참고하는 가이드라인이다. 투자자의 국적이나 투자 단계에 따라 IR 자료의 스타일은 다소 차이가 있을 수 있으나, 핵심적인 내용 구성은 대체로 유사한 형태를 보인다.

다음에 소개할 열 가지 목차는 세콰이아캐피털의 기본 구성을 토대로, 실제 투자 검토 경험과 포트폴리오사들의 후속 투자 유치 과정에서 얻은 인사이트를 반영하여 발전시킨 것이다. 이 목차는 각 스타트업의 스토리텔링과 특성에 맞춰 순서를 조정하고, 불필요한 요소는 과감히 제외하여 핵심 가치를 부각시키는 방향으로 활용해야 한다.

투자자들은 수많은 스타트업을 동시에 검토하기 때문에, IR 자료는 투자자의 관심을 효과적으로 사로잡을 수 있어야 한다. 따라서 투자자가 주목할 만한 핵심 요소들을 중심으로 논리적이고 설득력 있게 구성하는 것이 중요하다. 이를 통해 스타트업의 본질적 가치와 미래 성장 가능성을 명확하게 전달할 수 있다.

이러한 IR 자료 작성 방식은 단순한 형식적 틀을 넘어, 스타트업만의 고유한 가치와 비전을 효과적으로 전달하는 전략적 도구로 기능해야 한다. 각 기업의 고유한 특성과 현재 상황을 고려하여 이 기본 틀을 창의적으로 변용함으로써, 최적화된 IR 자료를 구축하는 것이 핵심이다.

IR Investor Relations 자료 '십계명'

1. 기업의 목적 Company Purpose: 사업을 하나의 선언형 문장으로 간결하고 명확하게 정의해야 한다. 이는 엘리베이터 스피치처럼 사업의 가장 본질적인 부분을 표현해야 한다. 불필요한 회사 연혁은

생략하고, 주요 부분만 포함시키며, 대표나 담당자의 연락처를 표지 등에 명시하는 것이 좋다.

2. 문제Problem: 현재 고객이 느끼는 고충Pain Point을 설명한다. 기존 해결책의 부족한 점을 함께 언급하며, 페르소나를 통해 설명하면 이해가 쉽다. 양면 고객이 존재할 경우 각 유형별로 문제점을 구분하여 설명해야 한다.

3. 해결책Solution: 제품이나 서비스가 고객의 삶을 어떻게 개선할 수 있는지 설명한다. 단순한 아이디어 수준이 아닌 차별화된 가치를 통해 문제를 해결할 수 있어야 한다. 실제 구체화한 고객의 사례 Use Case를 들어 설명하면 투자자의 이해를 돕는 데 효과적이다.

4. 왜 지금인가?Why Now: 해당 분야의 역사적 진화 과정과 최근 동향을 통해 사업이 성공할 수 있는 이유를 설명한다. 기술적 한계나 규제의 변화, 고객 생활습관의 변화 등을 언급할 수 있다. 시장의 배경과 함께 설명하여 현재가 사업을 시작하기에 적절한 타이밍임을 강조한다.

5. 잠재적인 시장의 규모Market Potential: 목표 고객과 관련 시장의 잠재적인 크기를 명시한다. TAM/SAM/SOM 형태로 설명하는 것이 일반적이며, 시장 규모 산정 근거는 객관적으로 타당성이 느껴져야 한다. 투자자가 보기에 잠재적인 시장의 크기가 충분히 매력적이어야 관심을 가진다는 점을 염두에 두어야 한다.

6. 경쟁과 대체재Competition & Alternatives: 직/간접적인 경쟁자를

서술하고 경쟁에서 이길 수 있는 전략을 설명한다. 경쟁사와의 비교 테이블이나 시장에서의 위치를 통해 차별점을 설명할 수 있다. 독보적인 경쟁 우위Unfair Advantage를 어필하는 것이 중요하며, 이는 해결책의 명확한 차별점, 마케팅 전략, 확보된 고객 수, 기술, 팀의 전문성 등이 될 수 있다.

7. 비즈니스 모델Business Model: 수익 모델, 매출/비용 구조, 가격 정책, 유통구조 등을 설명한다. B2C와 B2B 서비스에 따라 다양한 수익 모델을 제시할 수 있다. 실제 시제품이나 서비스의 수익 모델 가설이 검증된 부분과 서비스/매출 지표를 통해 설득해야 하며, 차별화된 마케팅/영업 채널 전략에 대한 설명도 중요하다.

8. 팀Team: 공동창업자들과 핵심 멤버들의 전공, 경력 등을 포함하여 설명한다. 비즈니스 모델에 필요한 핵심 역량을 어필해야 하며, 팀 멤버들의 배경이 해당 사업을 수행하기에 적합함을 보여주어야 한다. 공동창업자들의 관계, 비전 공유 정도, 지분 구조 등도 중요한 정보가 될 수 있다.

9. 재무Financial: 3년 이내의 매출 계획과 예상되는 비용을 포함한다. 투자금의 활용 계획과 자금 소진 속도Burn Rate 등을 설명해야 한다. 성장 단계에 따라 현금흐름을 포함한 요약 재무제표, 미래의 추정 재무제표, 손익분기점 도달 시점 등의 정보가 필요할 수 있다.

10. 비전Vision: 5년 후에 성취할 목표를 제시한다. 창업자의 꿈과

스타트업의 장기적인 비전을 스토리텔링 형식으로 설명한다. 공동 창업자들이 이 비전의 어떤 부분에 끌려서 뭉치게 되었는지 등의 내용을 포함하면 더욱 설득력 있게 전달할 수 있다.

2-3
창업자, 투자자를 찾는 법

투자자

"건초더미에서 바늘을 찾는 방법!"

투자자들은 창업자들이 투자자를 찾아 나서는 것처럼, 유망한 창업자를 발굴하기 위해 다양한 방법으로 노력한다. 투자자마다 선호하는 접근 방식은 다를 수 있지만, 일반적으로 기업 발굴 방식은 크게 2가지로 구분할 수 있다.

시장을 통한 접근

첫 번째는 개별적 분석을 통한 발굴이다. 이는 산업이나 기업을 체계적으로 분석하여 잠재력이 있다고 판단되는 경우, 콜드콜cold call 등을 통해 직접 접촉을 시도하는 방식이다. 이러한 기업 발굴은 크게 2가지로 거시경제를 분석하여 성장할 산업군을 파악한 뒤, 관련 분야 기업으로 점점 좁혀가는 하향식Top-down과 특출난 지표나 아이디어의 기업을 발굴하여 그 기업이 속한 산업군이 성장할 가능성을 분석 후 투자하는 상향식Bottom-up으로 나눌 수 있다.

하향식Top-Down 방식은 거시적 관점에서 시작한다. 먼저 글로벌 경제 트렌드와 투자 동향을 분석하여 성장 가능성이 높은 산업군과 사업 영역을 선별한다. 그 다음 해당 분야에서 활동하는 주요 기업들을 조사하고, 필요한 기술을 보유한 스타트업이나 산업을 선도할 것으로 예상되는 기업들을 리스트화 한다. 각 기업의 경쟁우위 요소를 분석한 후, 해당 산업에서 독보적인 영향력을 행사할 수 있는 기업을 선정하여 투자를 진행한다. 특히 한국의 경우, 미국 벤처투자 시장의 트렌드를 참고하는 경향이 있다. 이는 일명 '타임머신 전략'이라고 불리는데, 미국 벤처시장에서 성공한 산업이 약 6개월에서 1년의 시차를 두고 한국 시장에서도 성장하는 패턴을 활용하는 것이다.

상향식Bottom-up 방식은 이와는 반대로 개별 기업과의 직접적인 만남에서 시작한다. 다양한 스타트업들과의 미팅 과정에서 특별히 우수한 역량을 보유한 기업을 발견하면, 점진적으로 해당 기업의 경쟁사 분석, 산업군 조사, 해외 Peer 그룹 비교 등을 통해 시장 적합성을 검증한다. 이러한 방식은 주로 초기 투자 단계에서 이루어지며, 여러 스타트업과의 미팅 과정에서 특정 문제나 산업 영역에서 유사한 비즈니스 모델을 가진 스타트업들이 등장할 때, 이를 기점으로 해외 사례와 유사 산업군을 심도 있게 분석하여 투자 적정성을 판단한다.

사람을 통한 접근

두 번째는 투자자의 개인 네트워크를 통한 발굴이다. 투자자들은 다양한 분야의 전문가들과 광범위한 네트워크를 구축하고 있다. 이는 동종 업계의 벤처캐피털리스트뿐만 아니라, 기술 검증 과정에서 만나게 되는 대학교수나 연구원들 그리고 이전 투자를 통해 인연을 맺은 창업자들까지 포함된다. 이러한 네트워크는 단순한 인맥 관리를 넘어서 실질적인 투자 기회 발굴의 중요한 채널이 된다.

투자자들은 이러한 검증된 네트워크를 통해 추천받은 기업들을 특히 긍정적으로 평가하는 경향이 있다. 특히 단발성 외부 행사나 일회성 만남을 통해 형성된 가벼운 인연이 아닌, 오랜 기간 신뢰관계를 쌓아온 네트워크를 통한 추천의 경우 더욱 심도 있게 검토하는 것이 일반적이다.

이러한 이유로 투자자는 항상 네트워크 관리에 많은 공을 들인다. 다른 투자자와의 대화에서는 최근의 투자 사례나 검토 중인 투자 건에 대해 의견을 나누고, 연구소나 교수진들과는 신기술 개발 현황이나 예비 창업팀들의 동향을 파악한다. 또한 창업자 커뮤니티에서는 우수 스타트업의 핵심 멤버들 중 새로운 창업을 준비하며 퇴사한 인재가 있는지 등의 정보를 주시한다.

네트워크의 확대 = 클럽딜(공동투자)

이러한 투자자 네트워크를 통한 투자는 특히 클럽딜Club Deal 형태로 발전하는 경우가 많다. 단독 투자보다는 여러 투자자가 함께 참여하는 형태가 일반적인데, 이는 투자 과정의 자연스러운 흐름에서 비롯된다. 투자자들은 투자 검토 과정에서 해당 기업에 대한 레퍼런스 확보와 추가 정보 수집을 위해 다른 투자자들과 의견을 교환하게 되는데, 이 과정에서 자연스럽게 공동 투자로 이어지는 경우가 많다.

클럽딜이 선호되는 데에는 여러 가지 이유가 있다. 우선 다른 투자사가 이미 실시한 실사와 검증 과정을 통해 투자 리스크가 일정 부분 검증되었다고 판단하기 때문이다. 또한 최초 투자를 주도하는 앵커투자사Anchor Investor 입장에서도 투자 리스크를 분산시키고 다양한 관점에서의 의견을 수렴할 수 있다는 장점이 있어, 다른 투자사와의 공동 투자를 긍정적으로 고려하는 경향이 있다.

물론 일부 투자자들은 투자 수익의 극대화를 위해 단독 투자를 선호하기도 한다. 하지만 일반적으로 여러 전문 투자자들이 공통되게 긍정적으로 평가하는 기업이 성공 가능성이 더 높다고 판단되기 때문에, 대부분의 경우 클럽딜 형태의 공동 투자로 진행되는 것이 보편적이다.

건초더미에서 바늘 찾기: 벤처캐피털의 브랜딩

벤처캐피털은 그들이 투자한 회사의 성공사례를 자주 공유하고, 투자의 철학과 회사의 비전을 외부인들에게 끊임없이 공유한다. 굳이 투자가 잘되는 사례라면 그리고 그러한 투자 로직이 투자사들만의 노하우라면 본인들만 알고 있으면 될 것을 왜 외부인들에게 노출하려고 하는 것일까?

투자자에게 중요한 역할은 건초더미**사기꾼들**에서 바늘**사업가**을 찾는 것이다. 물론 먼저 창업자가 투자자에게 찾아와서 투자해주기를 요청하는 경우가 많다.

하지만 반대로 뛰어난 창업자 또는 기업이 있다면, 오히려 투자자들이 투자를 하고 싶어 창업자의 선택을 기다리는 경우도 발생한다. 이때 그동안 쌓아 왔던 벤처캐피털의 브랜딩이 효력을 발휘하는 경우가 있다.

물론 이뿐만 아니라 외부 출자자**LP**들에게 펀드 운영을 위한 사항이나, 벤처캐피털에서 일할 뛰어난 인력/심사역을 채용하는 과정 중에서도 벤처캐피털을 위한 브랜딩은 늘 중요한 사항이다.

그렇다면 국내, 해외에서 브랜딩이 잘된 VC 사례는 무엇이 있을까?

VC의 역량을 평가하는 것 중 하나는 높은 운용자산의 규모**AUM**인데, 창업자들에게 좋은 브랜딩 이미지를 가지고 있는 VC가 높은 AUM을 보유하고 있을까?

국내 기준으로 보면 2023년 가장 높은 AUM을 보유하고 있는 회사는 1위는 한국투자파트너스 **2조 3263억 원**, 2위는 KB인베스트먼트**1조 9855억 원**이다. 이와는 다르게 스타트업얼라이언스의 설문조사를 통해서 창업자들에게 조사한 가장 투자받고 싶어하는 VC 1위는 '알토스벤처스16%', 2위는 '소프트뱅크 벤처스'였다.

미국 VC시장의 경우도 유사하다. 가장 높은 AUM을 보유하고 있는 회사는 1위는 Sequoia Capital(AUM: 850억 달러), 2위는 Tiger Global Management(AUM: 750억 달러)이지만, 미국 창업자들의 선호도를 확인할 수 있는 Founder's Choice(https://www.founderschoicevc.com)에서의 창업자들이 선호하는 투자사 1위 VC는 코슬라벤처스Khosla Ventures, 2위가 유니온 스퀘어 벤처스Union Square Ventures이었다.

물론 VC의 각 창업기업별 성장단계, 투자 전략에 따라서 AUM의 규모가 차이나는 것은 당연하다. 하지만 대형 AUM을 운영 중인 회사에서는 창업자들을 대상으로 한 뛰어난 브랜딩을 갖추기를 선호하고 노력하고자 할 것이다.

그래야만 건초더미에서 더욱 쉽게 바늘을 찾을 수 있기 때문이다.

그렇다면 코슬라 벤처스가 창업자들에 평판이 좋은 이유는 무엇일까? 주요한 사례로 이들의 투자 철학과 왜 창업자들이 선호하는지 그 이유를 찾을 수 있다.

1. 기술 중심의 투자 철학

대체육 스타트업Impossible Foods 투자 사례에서 볼 수 있듯이, 코슬라 벤처스는 'Deep Tech' 분야에 집중한다. AI, 바이오테크, 클린 에너지와 같이 고도의 기술력이 필요한 영역의 문제 해결에 주력하는 기업들을 선호한다.

2. 긴 호흡의 투자 전략

전고체 배터리 개발 기업 퀀텀스케이프QuantumScape의 사례는 그들의 장기적 투자 철학을 잘 보여준다. 긴 개발 주기가 필요한 기술임에도 불구하고, 초기 투자부터 상장까지 지속적인 지원을 아끼지 않았다.

3. 실패를 두려워하지 않는 문화

바이오연료 기업 KiOR의 실패 사례를 공개적으로 공유하며, 이를 통해 얻은 교훈을 다른 스타트업들과 나누는 모습은 그들의 진정성을 보여준다. 실패를 숨기지 않고 오히려 이를 통해 더 나은 투자 전략을 수립하고 스타트업 지원 방식을 개선하는 데 활용한다.

정리하면 코슬라 벤처스는 ① 창업자가 가진 역량(기술 중심)을 ② 오랜 기간(긴 호흡) 믿고 ③ 신뢰하며(비록 실패일지라도) 투자하는 모습을 창업자들이 선호하고 있다고 볼 수 있는 것이다.

'혁신 기술에 오랜 기간 믿고 투자한다'는 사실은 모든 투자자가

2

마음 속으로 가지고 있는 가장 기본적인 투자 철학일 것이다. 하지만 가장 기본적인, 기초적인 것이라서 지키기 어렵고, 반대로 가장 기본적인 것만 지키더라도 창업자들에게 선호받는 VC의 브랜딩이 될 수 있지 않을까?

결국, 투자자들이 이러한 방식을 활용하는 이유는 효율성에 있다. 창업자가 투자자를 만나기 어려워하는 것과는 반대로, 투자자들은 매년 수백에서 수천 건에 달하는 기업을 검토하는 상황에 놓여 있다. 이 가운데 어느 기업에 집중적으로 시간을 투자할지 결정하기 위해서는 체계적인 필터링 과정이 필수적이다. 이 과정에서 누군가는 시장 분석과 트렌드에 기반하며 우선순위를 정하고, 또다른 누군가는 신뢰할 수 있는 네트워크를 활용해 검증된 대상을 찾는 것이다.

창업자가 이러한 투자자의 현실을 이해한다면 투자 유치 과정에서 훨씬 효과적인 전략을 세울 수 있을 것이다. 따라서 이미 투자를 받은 창업자나 신뢰할 만한 지인을 통해 투자자를 소개받는 것이 매우 유효한 방법이며, 이러한 접근법은 투자자와의 첫 만남에서 신뢰를 형성하기 훨씬 수월하다. 더불어 투자자가 중요하게 여기는 산업 성장성, 기업의 경쟁력, 시장 내 차별성을 미리 분석하고 이를 설득력 있게 제시하며, 창업자 자신이 해결하려는 문제와 비전이 명확히 전달될 수 있도록 한다면 분명 투자자와의 만남에서 더 깊은 공감을 이끌어낼 수 있을 것이다.

　창업자와 투자자는 서로 다른 목적을 가지고 있지만, 상호 보완적인 관계 속에서 만난다. 투자자는 수많은 기업 중에서 자신에게 가장 적합한 대상을 선택해야 하고, 창업자는 수많은 투자자 중에서 자신을 가장 잘 이해할 상대를 찾아야 한다. 이 과정에서 창업자가 투자자의 시작과 접근 방식을 이해한다면, 분명 성공적인 만남과 협력의 가능성은 높아질 것이다.

창업자

"건초더미에서 바늘과 같이 보일 수 있는 방법!"

무분별한 투자자 미팅 시도는 오히려 역효과를 낳을 수 있다. 각종 행사나 저녁 자리에 무작정 참석하거나, 무차별적인 콜드메일 발송은 바람직하지 않다. 이러한 방식은 단순히 거절만 반복될 뿐, 창업자의 사기를 떨어뜨리는 결과를 초래할 수 있기 때문이다.

현실적으로 투자 유치를 원하는 창업자의 수가 투자자 수보다 월등히 많다. 이런 상황에서 양질의 투자자를 만나기가 쉽지 않다. 투자자들은 수많은 '건초더미(평범한 기업들)' 속에서 '바늘(우수 기업)'을 찾으려 노력한다.

따라서 진정한 '바늘'이라고 자부하는 창업자라면, 일반적인 '건초더미'들과는 차별화된 접근이 필요하다. 비록 각 창업자마다 투자자를 만나게 되는 경로는 다양하지만, 건초더미 속에서 바늘처럼 돋보일 수 있는 효과적인 투자자 미팅 방법들이 존재한다.

투자자와 미팅할 수 있는 실제적인 방법을 3가지로 나누어 살펴볼 수 있다.

첫 번째, 지인 추천은 가장 기본적이면서도 효과적인 방법이다. 창업자가 주변 관계를 면밀히 살펴보면 1~2단계 정도의 연결고리 안에서 스타트업 투자자나 관련 업계 종사자를 발견할 수 있다. 최근에는 일반 연구원이나 회사원에서 벤처투자자로 전향하는 사례가 늘어나면서, 과거보다 투자자와의 접점을 찾기가 수월해졌다. 이러한 지인을 통한 소개는 매우 효과적인데, 투자자들이 수많은 투자 요청 속에서 신뢰할 수 있는 지인의 추천으로 1차 필터링된 기업을 선호하기 때문이다. 따라서 투자자를 연결해 줄 지인에게 먼저 회사에 대해 충분히 설명하고 미팅을 요청하는 것이 바람직하다.

두 번째로, 주변 스타트업의 추천도 매우 효과적인 방법이다. 특히 B2B 사업을 하는 경우, 자사의 서비스를 이용하는 스타트업 고객을 통한 추천이 큰 힘을 발휘할 수 있다. 더구나 그 고객사가 이미 투자를 받은 스타트업이라면, 그들이 사용 중인 서비스로서 자사를 투자사에 추천해 줄 때 투자자들은 더욱 적극적인 자세로 미팅에 임하게 된다. 따라서 자사의 서비스에 가장 만족하는 고객을 찾아 이들을 통한 투자자 연결을 시도해 보는 것이 좋다.

마지막으로 외부 행사를 통한 투자사 미팅이 있다. 정부의 대규모 프로그램이나 대기업의 스타트업 지원 프로그램에 참여하면 자연스럽게 투자자와의 연결 기회를 얻을 수 있다. 다만 이 경우에는 두 가지를 주의해야 한다. 무작정 모든 행사에 참석하는 것은 바람직하지 않으며, 첫 미팅에서 즉각적인 결론을 내리려 하지 말아야 한다.

외부 행사나 지인 소개를 통한 첫 만남에서는 회사와 사업에 대해 간단히 소개하는 것이 바람직하다. 이는 본격적인 IR이 아닌, 다음 미팅을 위한 관심을 이끌어내는 단계로 보는 것이 좋다.

영화에서처럼 냅킨에 투자 계약서를 쓰는 일은 현실에서는 일어나지 않는다. 투자는 여러 번의 만남과 검토 과정을 거쳐 신중하게 이루어지는 의사결정이기 때문이다. 따라서 창업자는 첫 만남을 시작으로 투자자와 점진적인 신뢰 관계를 쌓아가는 것에 집중해야 한다.

투자자들이 절대 읽지 않는 IR 자료

1. 모든 VC에게 보내는 듯한 IR 자료

창업자들 중 일부는 마치 영업사원이 판촉 전단지를 배포하는 것처럼 자신이 알고 있는 모든 VC에게 두서없이 IR 자료를 배포하곤 한다. 또한 링크드인이나 관련된 주소로 무차별적으로 수집된 투자자 이메일 주소에 기업기밀이 담긴 IR 자료를 발송하는 기업들도 쉽게 볼 수 있다. 하지만 투자자의 입장에서 누구에게나 공유된 기업에 투자하면 성공할 것이라 생각하겠는가? 판촉 전단지와 IR 자료는 이해의 깊이가 다르다. 전단지의 경우 고객의 흥미를 끌어 해당 사항을 인지하는 것만으로도 효과를 볼 수 있지만, IR 자료는 산업의 지식과 더불어 깊은 이해가 필요한 사항이다. 투자를 받고자 한다면 절대로 IR 자료를 전단지처럼 사용하지 말아야 한다.

2. 세계 최초로 개발한 기술/사업모델이라고 주장하는 IR 자료, 추가로 비밀유지계약NDA, Non-disclosure Agreement을 써야만 내용을 알려줄 수 있다는 IR 자료

간혹 창업자들은 본인들의 아이디어/기술이 세계 유일하다고 생각하는 경우가 있다. 기술기업 창업자들이 주로 갖는 생각으로, 본인의 기술이 세계에서 가장 우수한 수준의 경쟁력을 보유하고 있다고 믿는 것이다. 하지만 대부분의 경우 이는 이미 시장에서 검증을 거친 일반적인 기술인 경우가 많다. 기술 연구는 특성상 해당 기술을 발견하는 것보다 이를 지속화/사업화하는 것이 더 중요하다. 따라서 기술을 누가 최초로 발견했느냐가 아니라, 그 기술을 누가 오랫동안 사업화할 수 있느냐가 더 중요한 판단 기준이 된다. 오히려 세계 최초의 기술이라면 이를 충분히 투자자들에게 설명해 주는 자료가 더 낫다. 만약 어느 투자자가 왜 기밀 자료를 공유하냐고 물어본다면 '알려져도 실제 실행은 저희밖에 할 수 없습니다'라고 말하는 것이 더욱 투자자의 신뢰를 얻을 수 있다.

3. 창업자가 아닌 직원이 IR 자료를 설명할 때

일부 창업자들은 본인의 사업계획서를 직접 설명하지 않고 영업이사, 기획본부장이라는 직함을 가진 직원들에게 IR을 맡기는 경우가 있다. 통상 이런 상황에서 해당 인력들은 우월한 커뮤니케이션 스킬로 기업의 역량과 상황을 잘 설명하는 편이다. 그런데 이때 주로 두 가지 문제가 발생한다.

첫 번째는 발표를 잘 못하는 경우다. 전체적인 IR 자료는 그럴듯하게 설명하지만 세부적인 기술, 산업분야, 주요 숫자를 물어보면 버벅대거나 대표자를 통해 확인해야 한다고 말하는 경우가 발생한다. 이런 상황이 발생되면 투자자의 몰입과 신뢰가 갑자기 깨지게 된다.

두 번째는 오히려 발표를 너무 잘하는 경우다. 이럴 경우 투자자의 질의사항도 충분히 대답하면 투자자는 대표자가 아닌 발표자에게 신뢰를 쌓게 되는 경우가 많다. 이때도 역시 발표자가 창업자가 아닌 상황을 확인하게 되면 투자자는 발표자에게 주던 신뢰를 다시 생각하게 된다. 결론적으로 어떤 사람보다도 창업자가 IR 자료를 설명하는 것이 가장 적합하다.

4. 정부지원과제 형태의 IR 자료

한국의 특성상 정부기관의 지원사업이 활발한 관계로 많은 창업자들이 한 번 이상 정부과제 지원사업을 위해 자료를 작성하게 된다. 문제는 해당 내용을 그대로 투자자들에게 공유하는 경우가 많다는 것이다. 창업자들이 이런 자료를 IR 자료로 공유하는 것도 이해가 된다. 정부지원사업 자료를 작성하다 보면 회사의 모든 정보에 대한 기입을 요청하는 경우가 많기 때문이다. 이럴 경우 창업자들은 정부지원과제 자료를 기업의 모든 정보가 담긴 IR 자료와 동일시하는 경우가 많다. 하지만 투자자들은 HWP 파일을 보는 순간 바로 삭제할 것이다. 가독성이 좋지 않은 정부지원과제 포맷을 열심히 읽어가며 창업자의 사업을 긍정적으로 평가할 투자자는 거의 없기 때문이다.

2-4
투자자가 투자하는 돈은 전부 자기 돈인가?

투자자

"창업자 위에 투자자, 투자자 위에 출자자!"

투자사의 구조와 자금 운용의 이해

일반적으로 스타트업이나 벤처투자에 익숙하지 않은 사람들은 투자사의 자금이 대부분 투자회사 자체의 자본 또는 개인의 돈이라고 오해하는 경우가 많다. 그러나 실제 투자사의 운영 구조는 이와 매우 다르다. 대부분의 투자사는 자신들의 자본으로 투자하는 것이 아니라, 외부에서 모집한 자금을 전문적으로 운용하여 수익을 창출하는 구조로 운영된다.

이러한 투자 생태계에서는 두 가지 주요 참여자가 있다. 먼저 투자를 실행하고 관리하는 운용사 측의 투자자들을 GP General Partner라고 하며, 이들에게 실제 투자 자금을 제공하는 기관들을 LP Limited Partner라고 한다. 따라서 투자사는 본질적으로 LP들이 모집한 자금을 전문적으로 운용하는 대행사 또는 운용사의 역할을 수행한다고 볼 수 있다.

이러한 구조로 인해, 언론에서 특정 투자사가 기업 투자로 10배의 수익을 올려 100억 원의 이익을 실현했다는 소식이 전해지더라도, 실제 투자사GP에게 돌아가는 수익은 이중 일정 비율에 불과하다. 나머지 수익은 자금을 제공한 LP들에게 분배되는 것이다.

일반적인 펀드의 보수 구조

구분	주요 내용
관리보수	결성일로부터 3~4년 이내: 조합 약정 총액 × 2% 내외 결성일로부터 3~4년 이후: 투자 잔액 × 2% 내외
기준수익률	IRR 5% 내외(시기별, 주목적별로 펀드마다 상이)
성과보수	기준수익률을 초과하는 수익의 20% 내외

정부 출자의 특징적인 부분은 국가의 전략적 육성 산업과 밀접하게 연계된다는 점이다. 예를 들어 2020년 소재부품장비 자립화가

국가적 과제로 대두되었을 때, 정부는 관련 기업들을 지원하기 위한 대출과 투자 예산을 대폭 편성했으며, 이에 따라 다수의 관련 펀드가 조성되었다. 이러한 경향은 Covid-19 시기의 비대면 펀드, 최근의 AI/로봇/우주 등 초격차 기술 관련 펀드 조성에서도 명확히 드러난다.

한편 정부기관 외의 LP들은 크게 3가지 유형으로 구분할 수 있다. 첫째는 국민연금과 각종 공제회와 같은 공공성을 띤 기관이고, 둘째는 캐피털사, 셋째는 은행권 기업이다. 이들의 가장 큰 특징은 정부기관과는 달리 철저히 수익률 관점에서 출자를 결정한다는 점이다. 또한 이들은 전체 운용자금 중 일정 부분을 주식이나 채권 같은 전통적 투자 수단이 아닌 대체 투자 영역에 할당하여, 모태펀드나 성장금융펀드에 매칭 출자하는 방식으로 참여한다

비록 국내 벤처펀드의 LP 구성이 정부와 유관기관 중심이지만, 민간 LP 역시 벤처 생태계에서 중요한 역할을 수행하고 있다. 특히 주목할 만한 현상은 과거 투자를 받아 성공한 창업자들이 자신들에게 투자했던 운용사나 운용인력에게 다시 출자하는 선순환 구조가 형성되고 있다는 점이다. 이는 벤처 생태계의 성숙도를 보여주는 중요한 지표라고 할 수 있다.

투자자 역시 창업자와 마찬가지로 자금 조달을 위한 노력을 지속적으로 해야 한다. 이들은 다양한 펀드 출자 컨테스트에서 경쟁하며 자신들의 투자 역량을 증명해야 하고, 펀드 결성을 위해 끊임없이 매칭 투자자를 발굴해야 한다. 또한 창업자들이 투자 유치 후 지속적으로 성장 현황을 보고해야 하는 것처럼, 투자자들 역시 정부기관을 포함한 출자자들에게 투자기업의 현황과 기업가치 변동 등을 정기적으로 보고해야 하는 의무를 갖는다.

이러한 맥락에서 창업자들이 투자금의 근본적인 출처와 펀드의 출자 구조를 이해하는 것은 매우 중요하다. 이를 통해 투자사가 관련 분야에 대한 전문성을 가지고 있는지 그리고 어느 펀드에서 투자를 유치하는 것이 투자 의사결정 과정에서 수월할지에 대한 통찰을 얻을 수 있기 때문이다. 결국 이러한 이해는 보다 전략적인 자금 운용과 투자자와의 효과적인 관계 구축에 핵심적인 요소가 될 것이다.

한국 최초의 벤처캐피털은 누구인가?

우선 한국에서 최초로 등록된 1호 창투사는 부산창업투자로 부산지역의 상공인들이 공동 출자하여 86년 11월에 설립되었다.

삼보컴퓨터에서 만든 국내 최초의 개인용 컴퓨터 'SE-8001'

    하지만 그 이전에 신기술금융투자업과 유사하게 벤처캐피털 업무를 했던 회사는 1974년 설립된 한국기술진흥現 아주IB투자, 1981년에 설립된 한국기술개발現 우리벤처파트너스라고 볼 수 있다. 기술기업에 투자라는 개념 자체가 적은 1970~80년대에 중소기업이 가지고 있는 신기술을 대상으로 투자와 담보 중심 융자, 리스, 팩토링 등 지금의 신기사업무를 수행하는 것이 주요 업무였다.

벤처캐피털이 필요할 수밖에 없었던 한국의 시대적 배경

1980년대 한국은 경제 고도화와 산업화가 활발히 진행되던 시기다. 1960~70년대는 주로 경공업과 중화학 공업에 중점을 둔 경제 발전 전략(제4차 경제개발 5개년 계획(1977~1981))이 실행되었지만, 1980년대에는 첨단 기술 개발과 지식 기반 산업으로 경제 구조를 전환할 필요성이 대두되었다.

이에 제5차 경제개발 5개년 계획(1982~1986)의 일환으로 정보통신기술ICT, 반도체 등 고부가가치 산업을 육성하고 국제 경쟁력을 확보하기 위한 기술 개발이 중요한 과제로 떠올랐다.

또한 1970년대 후반부터는 대기업 중심의 경제 구조에 대한 우려와 함께, 중소기업과 신생 기업의 중요성도 강조되었고, 이들을 지원하기 위한 기술 개발 및 금융 지원 제도가 마련되기 시작했다.

이러한 배경에서 벤처캐피털 개념이 한국에 도입되었으며, 중소기업의 성장을 촉진하기 위한 제도적 장치와 정부의 지원 정책들이 시행되기 시작한다

1986년 '중소기업창업지원법'이 제정·공포되면서 중소기업의 창업과 육성을 전담하는 중소기업창업투자회사가 설립되었으며, 이는 우리나라에서 벤처캐피털이 처음으로 법제화된 사례로, 이를 계기로 1986년 12개의 중소기업창업투자회사가 설립됐다.

같은 해 정부는 신기술 사업에 대한 금융지원을 강화하기 위해

'신기술사업금융지원에관한법률'을 임시국회에 제출했고, 이 법안은 국무회의에서 의결됐다. 신기술사업금융회사는 당시 상법상 주식회사로 돼 있는 신기술사업투자회사를 이 법에 의한 특별법인으로 바꾸는 형식이었다. 이에 기존에 존재하던 한국기술진흥, 한국기술개발, 한국개발투자, 한국기술금융이 신기술사업금융회사로 인가를 받아 법에 의한 벤처캐피털 업무를 시작하게 됐다.

아직도 창업투자회사 관련 법률과 신기술사업금융업자의 법률이 이원화되어 있는 한계는 존재하고 있지만, 이때 제정된 법률로 한국의 벤처캐피털 산업은 법적 기반을 갖추고 본격적인 성장을 할 수 있었다.

이러한 환경 속에서 정식 제도와 정책을 기반으로 성장한 한국기술개발(現 우리벤처파트너스)은 기존 산업에서 벗어나 기술집약적 중소기업 육성에 주력했다. 대표적 사례로 초창기 기술개발로 어려움을 겪던 삼보컴퓨터를 들 수 있다. 삼보컴퓨터는 한국기술개발로부터 2억 8000만 원을 지원받아 1983년 1월 64K 비트의 고성능 개인용 컴퓨터를 상품화하는 데 성공하기도 했다.

이렇듯 한국의 벤처캐피털 시장은 100% 민간자본을 통해서 생겼다기보다는 시대적 환경의 특성을 반영하여 정부지원 및 주도 하에 성장한 시장이라고 이야기할 수 있다. 간혹 누군가는 한국 벤처캐피털이 정부 주도 하의 산업이라고 비난하며 미국의 벤처캐피털의 산업을 칭송하는 경우가 있다. 그러나 한국 투자 산업의 역사를 한번쯤 살펴본다면 현재의 국내벤처투자 시장을 이해할 수 있을 것이다.

그렇다면 역사적으로 정부의 지원을 토대로 신기술을 구현한 최초의 창업자는 누구로 볼 수 있을까?

고려 말 혁신적인 군사 기술 스타트업
'화평통감'의 창립자 '최무선'

최무선은 고려 말기 새로운 기술을 개발한 창업자로 이야기할 수 있다. 그는 화약과 화포라는 기술(사업 아이템)을 개발하기 위해 중국 기술을 배워 독자적으로 연구를 하고, 이후 왜구의 침입이라는 문제를 해결하고자 정부(투자사)에 지원을 요청하여 자금을 받아 화통도감(기업)을 설립했다. 이후 화통도감은 화약 무기를 대량

최무선 초상화

출처: 국립현대미술관

생산하여, 결국 고려의 국방력 강화에 기여하며 큰 성과를 거두었다고 볼 수 있다.

14세기 후반 고려 말의 상황은 한마디로 외우내환의 시기였다.

그중에서도 고려에 가장 큰 골칫거리는 왜구였다. 무장을 갖춘 해상세력이었던 왜구는 1351년(충정왕 2) 이후 고려 전국을 약탈했다. 당시 남북조 시대를 맞이하여 일본 왜구는 단순한 도적 집단에 그치지 않았고 조직화된 대규모 군대로 한반도의 인구와 물자를 약탈하기 위해 자주 습격했다.

왜구의 위협이 고조되던 그 시기, 거상의 아들이었던 최무선은 화약의 중요성을 남들보다 일찍 간파했다. 그는 왜구 퇴치에 화약이 필수불가결하다고 확신했으며 향후 높은 수요를 일으킬 것이라고 예상했다(마치 창업자가 새로운 아이디어를 찾은 것처럼). 하지만 당시 고려에는 화약 제조법을 아는 이가 전무했다.

사실 고려에서도 화약을 사용하긴 했다. 최무선의 어린 시절 불꽃놀이에 폭죽이 있으며, 몽골이 송나라와의 전쟁에서 기초적인 화약 무기를 활용했고, 고려군이 몽골의 일본 원정에 적극 가담한 점 그리고 고려 초기 기록에 화약과 유사한 폭발이 언급된 점 등을 고려하면, 고려말에 이미 화약이란 물건이 고려인들에게 낯설지 않았다고 볼 수 있다. 다만 그 제조법은 비밀에 부쳐졌던 것이다.

화약의 핵심 재료는 염초, 황, 목탄이었다. 이 중 염초가 가장 큰 난제였다. 숯과 황은 구하기가 비교적 수월했지만, 염초는 그렇지 않았다. 특수한 토양에서만 채취할 수 있었고, 질산칼륨으로 정제하는 과정도 필요했다. 이런 이유로 화약 제작은 난이도가 높은 기술이었다. 중국은 이런 기술의 유출을 막고자 제조법을 철저히 숨기고 완제품 형태의 화약만 주변국에 판매하거나 염초의 수출도 엄격히 제한하였다(이때에도 중국의 수출규제가 있었다). 또한 주요 기술서에는 구체적인 방법 대신 "적절히 섞는다"는 식의 모호한 표현만 남겼다. 이런 난관 속에서 최무선은 독학으로 제조법을 연구할 수밖에 없었다.

그는 독자적 기술개발을 위해 중국에서 온 상인들을 만나 화약 제조법을 물었다. 만나는 모든 상인들에게 옷과 음식을 내어주며 중요한 정보를 얻으려 노력한 끝에, 우연히 당나라의 염초장을 지낸 중국인(이원李元)을 만나게 되었고 수십 일 동안 정보를 캐낸 끝에 마침내 염초 제조법이라는 '핵심 기술'을 확보할 수 있었다.

※〈조선왕조실록〉에 실린 최무선의 '졸기'는 해당내용을 설명해 주고 있다
"일찍이 말하기를 '왜구를 제어함에 화약만 한 것이 없으나 국내에 아는 사람이 없다'고 하였다. 최무선은 항상 강남에서 오는 상인이 있으면 곧 만나 보고 화약 만드는 법을 물었다. 어떤 상인 한 사람이 대강 안다고 대답하므로 자기 집에 데려다가 의복과 음식을 주고 수십 일 동안 물어서 대강 요령을 터득한 뒤 도당都堂에 말하

2

여 시험해 보고자 하였으나 모두 믿지 않고 최무선을 사기 치는 자라고 험담하기까지 하였다."

최대섭 작가가 그린 민족기록화 '화포통감에서 화포와 화약을 제조하는 최무선'

처음에 그의 아이디어는 인정받지 못했다. 정부 관리들은 그를 믿지 않았다. 심지어 사기꾼이라고 비난했다. 하지만 최무선은 포기하지 않고 여러 해 동안 계속 건의했다. 마침내 고려 정부는 최무선의 기술력을 인정하고 1377년, 그의 스타트업 '화통도감'을 설립하도록 지원(투자)했다. 이는 오늘날의 국책사업과 비슷했다. 화통도감은 빠르게 성장했으며 2년 만에 20여 종의 혁신적인 제품을 만들어냈다.

화통도감의 제품들은 전장에서 큰 성과를 거뒀다. 진포해전과 진도해전에서 특히 성공적이었다. 또한 조선 건국 이후 국방에 대한 개념이 병력의 수 중심에서 화력 중심으로 바뀌었다. 기존에는 병력 수량에 우세를 두거나 화력의 성능에 집중하는 형태로 일차원적이었으나, 화통도감 설립 이후로는 화력과 수량의 적절한 조화를 추구했다. 이후 우여곡절이 있었지만 창업 12년 만에 화통도감은 더 큰 조직인 군기시로 합병됐다. 이후 그의 아들 최해산 등이 새로운 제품을 개발하여 화차, 신기전 같은 혁신적인 무기가 만들어졌다.

다소 비약에 가까운 창업자 '최무선' 이야기라고 볼 수 있으나, 현대의 벤처투자 형태 관점인 창업자/투자자/아이디어/기업으로 정리를 해본다면 "화약/화포에 관심 있던 '최무선(창업자)'이 화약과 화포라는 '기술(사업 아이템)'을 개발하기 위해 연구하였고, '왜구의 침입시장 문제'을 해결하고자 '정부(투자사)에 지원'을 받아 '화통도감(기업)을 설립'했다. 이후 화통도감(기업)은 화약 무기를 대량 생산하여, 결국 고려 및 조선의 국방력 강화에 기여하며 큰 성과를 거두었다."라고 이야기할 수 있을 것이다.

2

창업자

"투자자를 아는 것도 중요하지만
투자자의 펀드를 아는 게 더 중요하다."

투자사들이 운용하는 자금의 상당 부분은 정부기관의 출자금으로 이루어져 있다. IPO 단계에 가까워질수록 민간자금의 비중이 높아지기는 하지만, 여전히 정부기관이 주요 출자자라는 점은 부인할 수 없는 현실이다.

이러한 상황에서 창업자는 본인의 사업과 적합한 펀드를 찾는 것이 매우 중요하다. 펀드는 결성 단계에서 정부나 출자자들의 의견을 반영하여 주요 투자 대상산업, 영역을 선정하게 된다. 따라서 창업자는 이러한 펀드의 특성을 고려하여 미팅할 투자자나 투자펀드를 선별해야 한다.

예를 들어 AI 기술 기반의 스타트업이라면 농식품 펀드를 운용하는 투자사보다는 AI/디지털 전문 펀드를 보유한 투자자들을 만나는 것이 훨씬 더 효율적일 것이다.

한국의 벤처투자 생태계는 정부 자금이 중추적인 역할을 하고 있다. 국내 벤처투자펀드의 총 결성금액은 약 40조 규모이며, 이 중 한국 모태펀드가 차지하는 비중이 43% 수준에 달한다. 대규모 프로젝트 펀드나 특수 벤처펀드를 제외하면, 대부분의 벤처펀드 결성에 한국 모태펀드가 참여했다고 볼 수 있다.

이러한 벤처투자 정보는 공공 포털을 통해 투명하게 공개되고 있다. 한국모태펀드가 운영하는 벤처투자종합포털(https://www.vcs. go.kr)에서는 각 펀드의 결성 정보를 상세히 확인할 수 있다.

또한 중소벤처기업부는 벤처투자회사의 투자활동 정보를 제공하는 DIVADisclosure Information of Venture Capital Analysis 공시시스템을 운영하고 있다. 여기서는 투자회사들의 수시/정기 공시사항, 업무운용상황보고서, 연간 감사보고서 등 상세한 정보를 확인할 수 있다.

펀드에는 만기가 있어, 투자 시점에 따라 적극성이 달라진다. 특히 결성 후 1~2년 차 펀드가 투자에 가장 적극적인 경향을 보인다. 이는 투자사들이 빠른 투자 집행을 통해 우수한 운용사로 평가받고자 하는 동기가 있기 때문이다. 좋은 평가는 추후 새로운 펀드 결성 시 출자자 모집에 유리하게 작용하기 때문에, 펀드 결성 직후에는 투자사들이 투자에 더욱 호의적인 태도를 보이는 경우가 많다.

따라서 창업자들은 최근 결성된 펀드를 우선적으로 찾아보는 것이 좋다. 더불어 해당 펀드의 운용사를 주변 지인을 통해 소개받을 수 있다면, 투자 유치 가능성을 한층 높일 수 있을 것이다.

예시로 살펴보는 나에게 적합한 펀드 찾기

예시 스타트업 프로필

- 설립 2년 차
- 친환경 소재 개발 스타트업
- 수도권 본사 위치
- 투자 요청금액: 10~20억 원 내외

1. 벤처투자종합포털을 통한 유관 산업 결성 펀드 검색

- 벤처투자 매칭으로 이동 후 모태펀드 출자 운용사 선택
- 주요 투자 업종: 화학/소재 선택
- 소재지: 수도권(전체 선택도 가능)
- 결성 총액: 100억 원 ~ 300억 원 이하
- 참고: 펀드는 보통 10~15개 기업에 투자하며, 100~300억 원 이상 펀드의 경우 건당 10~20억 원 수준 투자가 일반적. 50억 이상 투자 유치를 원한다면 500억 원 이상 펀드 검색 필요

2. 펀드/조합 검색 및 정리

- 결성일 순최신순으로 정렬

- 펀드명/운용사 리스트 작성

- 주의: 결성 2년 이내의 펀드가 투자 의지가 가장 높음

  Ex 예시 기업(친환경 소재, 10억 원 내외, 2년 차)의 적합한 펀드
  는 ① 서울투자파트너스, ② 송현인베스트먼트, ③ 노보섹인
  베스트먼트에서 운영 중인 펀드임을 확인할 수 있다.

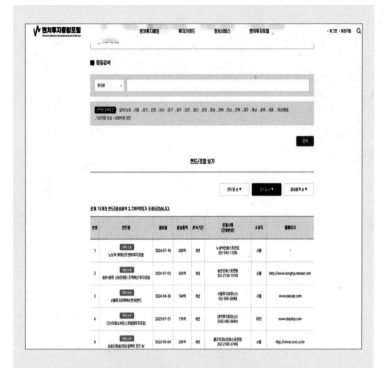

3. 벤처투자공시시스템을 활용한 상세 정보 확인

- 운용사, 펀드명을 확인했으니 벤처투자종합포털이 아닌 벤처
  투자공시시스템(http://diva.kvca.or.kr)으로 이동
- 회사별 공시에서 수시공시 클릭
- 벤처캐피털 회사명으로 운용사 검색 후 '보고서명' 항목에 수
  시내용 클릭
- 운용사 기초 정보 확인: 지역별/업력별/업종별 투자현황 분석

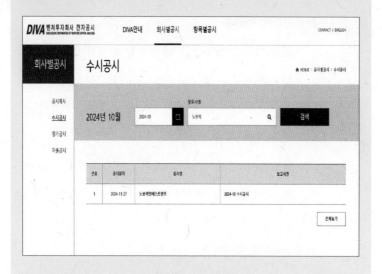

Ex 24년 기준 투자사들 투자 현황 분석

* 본 예시는 적절한 투자사를 찾는 참고용도로 작성한 것이며 실제 각 투자사 현황은 본 자료와 다를 수 있음

1) 서울투자파트너스

- 설립 형태: 2010년 설립된 전통적인 벤처캐피털
- 업종별 투자 현황: 전기/기계 50%, 화학소재 30% 수준 투자
- 업력별 투자 현황: 5년 이상의 업력을 보유한 중기 기업에 주로 투자 75% 이상
- 서울투자지역혁신펀드 구성원: 대표펀드매니저, 담당 심사역 이름 확인

2) 송현인베스트먼트

- 설립 형태: 2012년 설립된 전통적인 벤처캐피털

- 업종별 투자 현황: 화학소재(고무/플라스틱) 전문 투자

- 업력별 투자 현황: 3~5년 업력을 보유한 중기 기업에
  주로 투자

- 송현-바로 스마트워터 지역혁신 펀드 구성원: 대표펀
  드 매니저, 담당 심사역 확인

3) 노보섹인베스트먼트

- 설립 형태: 2022년 설립된 신규 벤처캐피털

- 업종별 투자 현황: 화학소재 투자 65%, 전기/기계장
  비 투자 21%

- 업력별 투자 현황: 5년 이상의 업력을 보유한 중기 기
  업에 주로 투자 75% 이상

- 노보섹 케어테크 벤처투자조합 펀드 구성원: 대표펀
  드 매니저, 담당 심사역 확인

4. 운용사 컨택 전략

- 1순위: 대표펀드매니저/펀드매니저와의 인적 네트워크 활용

- 2순위: 해당 운용사의 타 심사역을 통한 소개

- 3순위: 맞춤형 콜드메일 발송

수시공시

공시회사
수시공시
정기공시
자율공시

| 회사개요 | 전문인력현황 | 납입자본금변동현황 | 주주현황 | 업종별투자현황 |
| 업력별투자현황 | 지역별투자현황 | 조합결성현황 | | |

˙회사개요

회사명	노브릭(베스트먼트	대표자	홍승표
전화번호	02-545-1235	팩스번호	02-545-1230
홈페이지주소			
사업자번호	170-86-02709	결산월	12월
주소	(06096) 서울특별시 강남구 봉은사로 469 (삼성동) S-tower B동		
설립일자	2022-06-07		

- 제목 예시: '[펀드명] [매니저명]께 전달 부탁드립니다'
- 핵심: 펀드의 주목적에 부합하는 스타트업임을 설명하며 회사 소개 메일 발송

2

첫 매출 그리고 투자 유치

2-5
회사의 지분을 얼마만큼
나눠 줘야 할까?

투자자

"가장 중요하지만 가장 쉽게 나가는 것"

투자자의 관점에서 회사의 주주구성은 매우 중요한 의미를 지닌
다. 회사의 주식은 주주로서 행사할 수 있는 다양한 권리를 포함하
고 있으며, 기업의 핵심 정보를 확인할 수 있는 중요한 수단이 된다.
또한 주식의 시장가치는 외부 투자자나 기관이 기업 가치를 평가하
는 핵심 지표가 되며, 향후 투자금 회수나 기업공개IPO 단계에서도
주주구성은 매우 중요한 검토 사항으로 작용한다.

특히 주주구성은 기업의 지배구조와 의사결정 체계를 보여주는
핵심 지표로서, 투자자들은 이를 통해 해당 기업의 경영 안정성과

미래 성장 가능성을 판단하게 된다. 또한 주주들 간의 이해관계와 권리 배분 상태를 파악함으로써, 향후 발생할 수 있는 잠재적 리스크도 예측할 수 있다.

주주구성의 중요성에도 불구하고, 많은 창업자들은 이를 생각보다 가볍게 여기는 경향이 있다. 초기 창업 시점에는 창업자와 공동 창업자들이 대부분의 지분을 보유하고 있어 지분 희석에 대해 상대적으로 덜 민감하며, '회사를 위한 의사결정'이라는 명목 하에 다양한 방식으로 지분을 활용하곤 한다.

창업자의 지분 변동 상황

창업자의 지분율이 변동되는 주요 상황은 크게 3가지로 구분할 수 있다.

첫째, 투자 유치 과정에서의 지분 희석이다. 투자자들은 회사의 기업가치를 산정하여 주당 가치를 결정하고, 신주발행을 통해 주식을 인수한다. 이때 발행되는 신주 대금은 회사의 자본금으로 유입되며, 신주 발행 규모만큼 기존 주주들의 지분은 자연스럽게 희석된다. 다만, 일반적으로 투자 유치 시에는 기존 주식의 주당 가치보다 높은 가격으로 신주가 발행되므로, 창업자가 보유한 지분의 실질가치는 상승하게 된다.

둘째, 인재 채용을 위한 지분 활용이다. 국내외에서 널리 활용되는 방식으로, 우수 인재 확보를 위해 스톡옵션을 부여하거나 창업자의 구주를 직원에게 양도하는 방식이다. 이는 회사에 대한 구성원들의 주인의식과 충성도를 높이는 동시에, 단기적인 현금 유출을 줄일 수 있는 효과적인 방법이다.

셋째, 창업자의 구주 매각이다. 초기 스타트업에서는 창업자의 급여가 미지급되거나 최소화되는 경우가 많다. 회사가 성장하여 어느 정도 재무적 안정성을 확보하면 창업자도 정상적인 급여를 수령할 수 있게 되지만, 결혼이나 주택 구입 등 개인적인 자금 수요가 발생할 경우 창업자는 자신의 지분 일부를 매각하려는 시도를 하게 된다. 이 경우 주주들의 동의를 얻어(때로는 동의 없이) 기존 주주가 아닌 외부 투자자나 제3자에게 지분을 매각하는 상황이 발생할 수 있다.

통제되지 않는 지분의 위험성

이러한 지분 변동의 상황들은 창업자 입장에서는 불가피한 선택으로 보일 수 있다. 회사의 성장을 위한 투자 유치, 우수 인재 확보를 위한 지분 활용 그리고 개인적인 자금 수요에 따른 매각은 모두 나름의 타당한 이유를 가지고 있다. 그러나 투자자들이 창업자의 지분 변동에 민감하게 반응하는 데에는 분명한 이유가 있다. 이는 창업자가 적절히 통제하지 못하는 지분구조와 창업자의 낮은 지분율이 초래할 수 있는 다양한 문제들 때문이다.

지분의 통제 불가능한 외부 유출이 발생할 경우, 가장 우려되는 문제는 외부 거래 가격으로 인한 회사 가치의 하락이다. 투자 시점부터 창업자와 투자자는 회사 지분 가치의 지속적인 상승을 기대하며, 특정 가격 이하에서의 거래를 방지하고자 한다. 그러나 공동창업자나 스톡옵션을 받은 임직원이 퇴사하면서 보유 지분을 가지고 나가는 등, 지분이 통제권 밖으로 이탈하는 상황은 예상보다 빈번하게 발생한다.

더욱 심각한 문제는 외부로 유출된 지분이 시장에서 어떤 가격에 거래되는지 통제할 수 없다는 점이다. 예를 들어, 투자자들이 100억 원의 기업가치로 투자한 기업이 300억 원 규모의 후속 투자를 추진하고 있는 상황에서, 외부 시장에서 해당 기업의 주식이 50억 원 가치로 거래되었다는 소식이 전해진다면, 신규 투자자나 이해관계자들의 투자 의사결정에 치명적인 영향을 미칠 수 있다.

지분은 창업자의 책임감에 대한 지표

창업자의 낮은 지분율은 기업 운영에 다양한 문제를 초래할 수 있다. 대부분의 창업자들은 보유 지분율과 관계없이 회사를 자신의 자식처럼 여긴다고 말하지만, 현실은 이와 다른 경우가 많다. 외부에서는 창업자의 지분율을 회사에 대한 책임감의 직접적인 지표로 인식하며, 더 중요한 것은 창업자 스스로도 이에 영향을 받는다는 점이다.

실제로 50% 이상의 지분을 보유할 때는 확고한 주인의식을 가지고 있다가, 30%나 10% 수준으로 지분이 희석되면서 열정과 헌신도가 함께 감소하는 경우를 흔히 볼 수 있다. 특히 공동창업자들과 동일한 비율로 지분을 나눈 경우, 책임감도 그만큼 분산된다고 생각하는 경향이 있다. 이러한 이유로 투자자들은 창업자의 지분율을 최대한 유지하려 노력하며, 이를 통해 사업에 대한 책임감과 몰입도를 높은 수준으로 유지하고자 한다.

더욱이 창업자의 낮은 지분율은 기업공개IPO 과정에서도 심각한 걸림돌이 될 수 있다. IPO는 투자자들의 주요 회수 수단인데, 창업자의 지분율은 상장심사 과정에서 경영 안정성을 평가하는 핵심 지표로 작용한다. 50% 이상의 지분을 보유한 창업자가 있는 기업과 10% 미만의 지분율을 가진 창업자의 기업을 비교할 때, 대주주의 경영 안정성 측면에서 전자가 훨씬 높은 평가를 받는 것은 자명한 사실이다.

한번 나간 지분은 쉽게 돌아오지 않는다

지분 관리의 중요성에 대한 마지막 강조점으로, 한번 외부로 유출된 주식은 회수하기가 매우 어렵다는 점을 꼭 기억해야 한다. 당장의 편의나 단기적 해결책을 위해 지분을 쉽게 처분하거나 분배하는 결정을 내릴 경우, 그 대가는 장기간에 걸쳐 기업 운영에 심각한 걸림돌로 작용할 수 있다.

창업자는 회사의 지분이 단순한 숫자나 일시적인 자원이 아닌, 기업의 미래 가치와 경영권 그리고 의사결정의 자율성을 좌우하는 핵심 자산이라는 점을 항상 명심해야 한다. 지분 구조의 설계와 관리는 창업자가 가장 신중하게 접근해야 할 전략적 의사결정 중 하나인 것이다.

창업자의 지분비중은 얼마나 되는 것이 좋을까?
Feat. 나는 공동창업자에게 얼마만큼 지분을 줄 수 있는가?

창업자는 공동창업 또는 우수한 인력을 데리고 올 때 늘 지분에 관련하여 고민하게 된다. 더욱이 아직 회사를 설립하기 직전이거나 이제 막 설립하여 지분을 나누는 구조라면 지분 비율에 대하여 쉽게 의사결정 내리기 어려운 상황이 발생한다. 그렇다면 전문가들은 어떤 지분비율이 좋다고 이야기를 할까?

　국내 유명한 전문 투자사 또는 액셀러레이터들은 창업자의 지분이 70%에 가깝게 유지되기를 선호한다. 초기 투자의 특성상 향후 투자에 대한 지분희석을 염두에 두고 제안하는 사항일 수도 있으나 공동창업자가 있더라도 특정한 1인에게 지분이 집중되기를 권장하는 경우가 많다.

국내외 멘토들의 **CO-FOUNDER** 지분비율 추천

	추천하는 대표자 지분비율	1/N 배분은 절대로 하지마라	멘토의 조언
SparkLabs	70~80%		• IPO시 CEO가 지분을 20%이상 보유해야한다
Primer 권승준 대표, 노재무 파트너	60% 이상		• IPO시 CEO가 15%이하인 경우는 많지 않다 • CTO가 CEO와 같은 지분을 받겠다고하면 차라리 CTO가 CEO를 해라
DIGITAL HEALTHCARE PARTNERS 최윤섭 대표	80% 이상	○	• 1/N로 지분분배가 되어있으면 투자하기 어렵다.
STARTUP IGNITION John Richards (CEO)	65% 이상	○	• 2명인 경우 최소 55:45로 지분분배를 해야한다 • 뛰어난 CTO에게는 최소 10% 이상의 지분을 부여해라
Translink INVESTMENT 임정수 파트너		○	• 리스크가 없고 (오래 잘 아는 사이), 기여도가 동일하지 않다면 1/N 하지마라 • 주주간 계약서를 꼭 써야한다
Schmidt 조셉유 투자심사역		○	• 아무리 사이가 좋아도 갈등이 생길 수 있다 • 주주간 계약서를 쓴다해도 분쟁이 생길 수 있다
		○	• 핵심 인력에게 지분을 배분해서 동기부여를 확실히 해야한다 • 창업자 개인에게만 과도하게 지분이 집중된 경우 투자를 꺼린다
★ 법무법인 별	80~95%	○	• 1/N로하면 1:1, 2:2로 의견이 나뉘는 경우 의사결정이 불가능하다
세무법인 해율	80% 이상		• 2차 투자 받은 이후에도 66% 이상 지분을 확보해야한다
Y Combinator	1/N		• Motivation이 정말 중요하다

출처: 구글에 안 나오는 스타트업 인사이트 / 공동창업자 지분 분배
https://maily.so/goose/posts/3jrky3g6o51

또한 미국국립경제연구소NBER, National Bureau of Economic

Research에서 2011년도에 〈The First Deal: The Division of Founder Equity in New Ventures〉란 제목으로 창업자들 간의 지분을 어떻게 나눌지에 대한 분석을 한 사례도 흥미로운 결과를 확인 할 수 있다.

논문에 따르면 팀 크기가 작고 창업자 간의 이질성이 적을수록 지분을 동등하게 나눌 가능성이 높으나, 지분을 동등하게 분배한 팀은 투자 시 기업 평가 가치를 낮게 얻는 경향이 있다고 이야기한다. 즉 동등 배분보다는 차등 배분이 결과적으로 의미가 있다고 이야기한다.

물론 와이컴비네이터에서는 공동창업자의 동기부여를 위해 1/N으로 지분을 나누기를 권장하고 이를 주요한 지표로 설정하는 경우도 있다. 미국의 경우 나스닥에 상장한 기업의 상당수(60%)는 IPO 시점에 창업자가 더 이상 CEO가 아닌 경우가 많고 최대주주가 되어 있는 투자자가 전문경영인을 고용하여 사업을 이끌어 가는 경우가 많기 때문에 창업자의 높은 지분율이 필수가 아닐 수도 있다.

그럼에도 불구하고 왜 대표자는 많은 지분을 가져가야 할까?

첫 번째는 공동창업자들 간의 의견 충돌 시 누군가(대표자)는 최종 의사결정을 해야 하기 때문이다.

스타트업의 일들은 정답이 없는 경우가 많다. 이런 과정에서 각자의 의견이 합리적이라고 생각될 수 있지만 그 많은 의견 중에 하나의 의견을 누군가는 선택하고 빠르게 진행해야 한다. 스타트업에게 '속도'와 '타이밍'은 생명이기 때문이다.

두 번째는 투자자들의 꿈을 실현해 주기 위해서이다. 투자자들의 최종적인 목표는 대부분 IPO이다. 이때 상장 시 심사기관에서 가장 주요하게 판단하는 것이 대표자의 지분비율이다. 아직 상장 근처에도 가지 않는 기업이 대표자의 지분이 낮다면 투자 유치 시 많은 투자자들에게 부정적인 의견을 받을 경우가 높다. 실제로 최근 IPO에 성공한 기업을 보면 대표자가 평균 35.81%의 지분을 보유하고 있다.

세 번째는 적은 지분을 가진 공동창업자에게는 오히려 도움이 될 수도 있다. 공동창업자들도 평생 창업회사와 함께하지 않는다. 필요에 따라서 본인들의 지분을 매각하는 상황이 발생하는데 이때 높은 지분율로 최대주주 또는 투자계약서의 이해관계인으로 묶이게 된다면 연대책임의 문제나 공동매도참여권Tag Along 조항들로 매각에 어려움을 겪는 상황이 발생할 수 있다.

예시를 통해서 공동창업자와 지분을 나눠 보자.

앞서 말한 것처럼 스타트업 지분배정에 정답은 없다. 하지만 참고 수준만으로 지분비율을 고려한다면 파운더**Founder**(https:// foundrs.com)에서 공동창업자와의 지분 비율을 계산할 수 있다.

출처: 파운더

　만약 Founder A가 창업자이며, 초기에 창업자금을 지불했고, 처음 아이디어를 제안하고, 블로그 마케팅 문구를 작성하고 투자자들과 피칭을 했다. Founder B는 개발자로 대부분의 앱을 만들고, 파트타임으로 일하고 있고, 만약 떠난다면 개발 일정에 차질이 생길 수 있다고 가정해 보자.

이런 가정으로 페이지에서 창업자 값을 설정했을 때 나오는 적정 지분 비율은 Founder A가 68%, Founder B가 38%이다.

※정답은 없으니 어디까지나 예시로만 참고하는 걸로 하자.

해당 사이트에서 나오는 주요한 선택 값은 하기와 같다. 본인이 창업자 또는 공동창업자라면 아래와 같은 내용을 스스로 가지고 있는지 자문해 보고 회사의 지분을 요구하는 게 어떨까?

Foundrs 공동창업자 간 지분 배정을 위한 질문 리스트

1. 누가 CEO인가?

2. 어떤 창업자들이 사이트/앱의 대부분을 코딩하고 있는가?

3. 누가 처음 아이디어를 내고 다른 사람들에게 이야기했는가?

4. 만약 개발자를 고용할 수 있다면, 창업자 누가 리드 개발자가 될 것인가?

5. 어떤 창업자들이 파트타임으로 일하고 있으며, 자금을 확보하면 풀타임으로 합류할 것인가?

6. 이 창업자가 떠나면 자금 조달 가능성에 큰 영향을 미칠 것인가?

7. 이 창업자가 떠나면 개발 일정에 큰 차질이 생길 것인가?

8. 이 창업자가 떠나면 출시 또는 초기 성과에 영향을 미칠 것인가?

9. 이 창업자가 떠나면 빠르게 수익을 창출하는 데 차질이 생길 가능성이 있는가?

10. 누가 사이트에 올라가는 블로그 및 마케팅 문구를 작성하는가?

11. 누가 대부분의 기능 아이디어를 내는가?

12. 누가 예산 추정 또는 시뮬레이션을 위한 스프레드시트를 가지고 있는가?

13. 지금까지 명함 제작, 웹 호스팅 같은 기본 사업 비용을 누가 지불하고 있는가?

14. 누가 투자자들에게 피칭을 하는가?

15. 누가 산업과 잘 연결되어 있어 잠재 고객, 투자사, 인플루언서들에게 소개해 주는가?

창업자

"상장 전까지는 종잇조각일 뿐!"

기업을 운영하다 보면 결국 핵심은 인재 채용이라는 점을 깨닫게 된다. 회사가 성장할수록 대표자의 주된 고민은 사업 전략이나 실무적인 내용보다, 사업을 이끌어갈 핵심 인재를 어떻게 영입할 것인가로 옮겨 간다.

실제로 성장하는 스타트업 주변에는 생각보다 많은 우수 인재들이 있다. 내부 개발자나 직원들의 인맥을 통해 네이버, 삼성은 물론 구글이나 메타와 같은 글로벌 기업에서 일하는 인재들을 쉽게 발견할 수 있다. 또한 투자자들과의 네트워킹 자리에서도 뛰어난 역량을 가진 인재들을 자주 만날 수 있다.

뛰어난 인재들이 주변에 많음에도 불구하고, 창업자들이 직면하는 가장 큰 문제는 이들을 회사로 영입하기가 쉽지 않다는 점이다. 따라서 대표자가 선택할 수 있는 인재 채용 방법은 크게 2가지로 나뉜다.

첫 번째는 파격적인 연봉을 제시하는 것이다. 삼성, 네이버, 구글과 같은 대기업에서 받던 급여보다 더 높은 수준의 연봉을 제시해야 한다. 하지만 초기 스타트업의 경우 이러한 접근은 현실적으로 어렵다. 두 번째는 스톡옵션이나 지분을 통한 보상이다. 자금이 부족한 대부분의 스타트업은 필연적으로 이 방법을 선택할 수밖에 없다. 개인적으로는 두 번째 방법을 적극 추천한다. 핵심 인재들에게 지분을 나눠 주면서 회사에 대한 로열티를 높이는 것이, 외부의 투자자를 통해 지분을 희석시키는 것보다 훨씬 더 현명한 선택이 될 수 있기 때문이다.

창업자 '개인'과 '회사' 모두를 위한 지분 매각

창업자의 지분 매각에 대한 관점은 실리콘밸리와 국내가 매우 다르다. 실리콘밸리에서는 B, C라운드 정도가 되면 창업자의 지분을 투자자가 매입하는 경우가 흔하다. 이는 그동안 낮은 급여로도 높은 헌신과 역량을 쏟아 부은 창업자에 대한 중간 보상의 성격을 띤다. 이러한 보상은 창업자의 생활을 안정시켜 오히려 사업에 더욱 집중할 수 있는 환경을 만들어주는 긍정적인 효과가 있다.

하지만 국내 투자 생태계의 현실은 다르다. 대부분의 투자자들은 창업자의 지분 매입을 극도로 꺼리며, 일부 투자자들이 창업자의 지분을 구매하는 경우가 있어도 이는 매우 제한적이다. 오히려 창업자가 개인적인 경제적 어려움을 토로하면, 많은 투자자들은 먼 미래의 성과만을 강조하며 당장의 사업 집중을 요구하는 경우가 더 많다.

이러한 상황에서 투자자들은 대부분 회사의 재무적 건전성만을 중요시할 뿐, 창업자 개인의 삶의 질이나 경제적 건강까지는 깊이 고려하지 않는다. 그러나 창업자의 개인적인 안정이 회사의 장기적 성공에 중요한 요소라는 점은 분명하다.

따라서 창업자는 필요한 상황에서 주주들의 동의를 얻어 구주를 일부 매각하는 것을 적극적으로 고려해 볼 필요가 있다. 이는 창업자의 안정적인 사업 운영을 위한 현실적인 방안이 될 수 있다. 이때 구주 매각의 우선순위를 고려해야 하는데, 가장 이상적인 것은 기존 주주들에게 매각하는 것이다. 만약 이것이 여의치 않다면, 회사의 가치를 이해하고 장기적 관점에서 함께할 수 있는 신뢰할 만한 투자자를 신중하게 선택해야 한다.

다시 한번 정리하면 모든 지분들은 현금화하기 전까지는 다 종이, 단순 숫자에 불과하다.

첫 매출 그리고 투자 유치

투자자의 시각

투자자는 수많은 스타트업을 만나며 단순한 말하기 실력이 아닌 실질적인 사업 역량과 성장 가능성을 봅니다. 따라서 데모데이는 네트워킹의 기회일 뿐, 실제 투자 결정은 훨씬 더 깊이 있는 미팅이나 수많은 검토 후에 이뤄진다는 점을 기억해야 합니다.

투자금, 투자 펀드의 출처와 성격을 이해하는 것이 중요한데, 이는 향후 기업의 투자 유치 전략과 성장 방향에 밀접하게 연관되어 있기 때문입니다. 그리고 지분은 신중하게 결정해야 할 가장 중요한 문제이며, 한번 내어준 지분은 다시 되찾기 어렵다는 점을 항상 명심해야 합니다.

창업자의 시각

데모데이는 우리 회사를 알릴 수 있는 중요한 기회이며, 투자자들과의 첫 접점을 만들 수 있는 귀중한 자리입니다. 따라서 데모데이뿐만 아니라 투자자와의 연결고리를 찾기 위해 다양한 기회를 발굴하려고 창업자 스스로 노력해야 합니다.

투자자가 누구인지, 어떤 펀드의 돈인지를 이해하면 투자 유치 과정이 효율적으로 바뀔 수 있습니다. 또한 투자금액뿐만 아니라 투자회사, 투자심사역이 실제로 우리 회사의 성장에 도움을 줄 수 있는지가 더 중요합니다.

지분 희석은 회사 성장을 위한 자연스러운 과정이며, 이를 두려워해서는 안 됩니다. 상장하기 전까지는 종잇조각이 라는 점을 명심하세요.

투자유치 시 꼭 고려해야 할 3가지

투자자는 도대체 어디에 있나?
: 투자자들은 발굴을 어떻게 하나?

창업자들이 가장 궁금해하는 것 중 하나가 "좋은 투자자를 어디서 어떻게 만나나?"이다. 실제로 창업 후 사업을 몇 년 동안 영위하는 동안 투자자를 만날 기회가 한번도 없었던 사람도 많다. 기사나 뉴스를 보면 '다른 창업자들은 투자자를 잘 만나서 얼마를 투자받았더라' 하는데, 왜 내 주위엔 그런 투자자가 없을까 고민하기도 한다.

우리 나라에서 소위 투자 심사역이라고 하는 사람은 예전에는 1,000명 정도, 지금은 2,000명 내외로 추정된다. 하지만, 우리나라에서 운용 자산 상위 투자사들의 회사 내 심사역 수가 20명을 넘는 경우가 거의 없음을 감안하면 실제로 필드에서 만날 수 있는 심사역의 수는 그보다는 확실히 적다. 오죽하면 "투자자들끼리는 한 다리 건너면 거의 알 수 있다"는 말이 나오겠는가. 부동산업을 제외한 연간 창업기업의 수가 2023년 기준 110만 개임을 감안하면(출처: 2023

년 연간 창업기업 동향, 중소벤처기업부) 확실히 비대칭적인 숫자다.

그렇다면 반대로 투자자는 기업이 줄 서 있어 발굴이 모두 수월할까? 안타깝게도 그렇지 않다. 앞서 말했듯 투자자의 시간은 한정되어 있고, 그들은 모두 '그냥 기업'이 아닌 '투자하고 싶은 기업'을 찾아야 의미가 있다. 그리고 이 발굴은 사실상 개인 비기에 가깝고, 서로 따라하기도 어렵다. 같은 심사역이라도 서로 살아온 영역 기반이 다르고 이에 따라 네트워크도 다르고 생각도 달라 회사에 대한 이해도나 소위 꽂히는 부분이 다르기 때문이다. 심사역을 처음 시작하고자 면접을 볼 때 단골 질문이 "발굴 어떻게 할 거에요? 투자하면 어떤 분야 하고 싶어요?"이고, 지위고하를 막론하고 모든 심사역의 영원한 고민이자 숙제가 "좋은 회사를 어디서 어떻게 만나냐?"인 것도 여기에 있다.

모든 심사역은 개인의 발굴 방식을 고민해서 갈고 닦지만, 비상장 회사는 정보가 공개되어 있지 않기 때문에 서로의 활동 영역이 겹치지 않으면 그 회사가 아무리 좋아도 심사역 개인은 영원히 모를 수도 있다. 따라서, 심사역들은 네트워킹에 꽤나 신경을 쓰고, 심사역 자신의 브랜딩 강화에 대한 고민도 끝없이 한다. 물론 혼자 산업 분석을 하고, 콜드콜을 하기도 하지만, 효율 측면에서 여러 사람의 활동영역을 공유할 때 발굴의 확률이 훨씬 좋을 수밖에 없다. 심사역들이 사람을 수도 없이 만나며 "어디 투자할 데 없나", "최근에 어디 섹터가 투자가 핫하다더라", "나는 요즘 이러한 섹터에 투자 관심이 많다"를 습관처럼 이야기하는 이유가 여기에 있다. 그리고 이는 공적인 자리뿐 아니라 사적인 자리에서도 계속된다. 그 자리가 동료 심사역이든, 아는 스타트업 대표든, 전직장 동료든, 아는 친구든. 사실 이러한 대화를 계속해도 바로 발굴이 그 자리에서 되는 경우는 매우 드물다. 하지만 그럼에도 불구하고 이런 대화를 계속 하는 이유는 이런 대화가 계속 쌓이다 보면, 몇 시간 또는 며칠, 길게는 몇 달 있다가 그날의 대화가 생각나서 소개해 주기도 하고 받기도 하기 때문이다.

투자자들은 하루에도 수 개에서 수십 개의 회사 소개를 받는다. 그리고 그중에 회사를 골라서 미팅을 진행한다. 그런데 생각해 보라. 내가 찾은 회사, 나를 아는 누군가가 소개해 준 회사, 불특정 다수 중 한 명인 나에게 소개자료를 보낸 회사 이 3가지 경우일 때, 우선순위가 같을 수 있겠는가? 콜드메일이 당연히 후순위일 수밖에 없는 이유가 여기에 있다.

그렇다면 다시 돌아가서, 좋은 투자자를 어디서 어떻게 만나야 할까? 창업자에게 좋은 투자자는 본인 사업과 관련 산업에 대한 이해도가 높아 창업자의 생각에 공감을 최대한 많이 해주고 나아가 다양한 의견을 개진해 줄 수 있는 사람이 최선일 것이다. 이런 심사역은 결국 유사한 사업을 하는 사람 근처에 있다. 투자자에게 무작정 콜드메일 보내는 것보다 투자자들이 발굴을 위해 계속 주위 사람들에게 습관적으로 이야기하듯이, 창업자 주위의 비슷한 기반 사람들에게 계속 "어디 좋은 투자자 없냐?"를 하는 것이 무조건 효과적이다. 똑같은 콜드메일이라도, 불특정 다수에게 보내는 것과 관련 이해도가 높은 투자자에게 "누구누구 소개로 메일 보냅니다"는 확실히 다르다.

투자자와 미팅은 어떻게 하는 게 좋을까?
: 숫자라는 언어

투자자들은 하루에 적게는 1~2개, 많게는 5개까지도 기업과 미팅을 진행한다. 그리고 투자자로서 창업자들을 만나는 자리는 언제나 어렵다. 사업 아이템은 정말 다양하고, 투자자 본인의 백그라운드와 정확히 일치하는 경우는 거의 없기 때문에, 투자자들은 창업자가 무엇을 하려는 건지, 잘할 수 있을 건지 등에 대하여 매번 새로 설명을 듣고 이해해야 하고, 이는 생각보다 고된 일이다. 물론 사전에 관련 산업에 대해 간략하게 스터디하고 들어가는 경우도 있지만, 반대로 그러한 스터디없이 그냥 들어가는 경우도 많다. 따라서

첫 매출 그리고 투자 유치

투자자들은 미팅하는 순간에 최대한 집중하여 회사가 어떤 사업을 하고자 하는지 파악하고자 한다.

수많은 미팅을 진행하다 보면 대표이사의 IR 방식은 천차만별이다. 앞에서 이야기했듯이, 모든 창업자들은 자신의 회사가 잘 된다고 이야기한다. 누구는 우리 기술이 최고라고 이야기하고, 누구는 우리 아이디어가 최고라고 이야기하고, 누구는 우리 사업 아이템이 최고라고 한다. 하지만, 왜 투자자들은 그러한 우월성에 쉽게 공감해 주지 않을까?

먼저, 투자자들은 유사한 생각을 하고 있는 회사를 많이 만난다. 또한, 사업 아이템이 꼭 같지 않더라도 다른 도메인에서 유사하게 사업을 하는 회사를 통해 비슷한 맥락으로 이해할 수 있는 방법도 많기 때문에 투자자가 처음 보자마자 이 회사가 너무 참신하다고 느낄 확률은 거의 없다. 그렇다면 어떠한 형태로 미팅을 진행해 가고 설득시켜 나가야 할까?

개인적으로 투자는 상상력이라고 생각하고, 이 상상력을 자극할 수 있는 미팅에는 항상 흥미가 생겼던 것 같다. 앞서 말했듯 아쉽게도 투자자는 미팅이 너무나 많고 생각보다 게으르며 관련 지식 기반도 잘 없다. 따라서 투자자에게 스스로 회사를 이해하면서 창업자의 생각을 온전히 이해하는 것을 기대하는 것보다, 회사가 성장해 가는 모습에 대한 상상을 할 수 있도록 해주는 것이 더 효과적이라고 생각한다. 그렇다고 단순히 "우리 회사가 나중에 이렇게 커질 겁니다"라는 상상은 망상에 가깝게 느낄 수밖에 없다. 여기서 꼭 필요한 것이 숫자라는 언어다. 숫자라는 언어는 백그라운드가 다른 투자자와 창업자를 연결시킬 수 있는 유일한 언어라고 확신한다. 회사가 성장하는 데 꼭 달성이 필요한 마일스톤을 그리고 그 마일스톤을 달성하기 위해 사이사이에 필요한 수많은 과제와 가정을 그리고 그때까지 걸리는 시간이나 돈 같은 리소스 등 모든 것을 숫자로 표현할 수 있으면, 사업에 대한 설명은 매우 명확해진다. 즉, 각 마일스톤의 연결이 자연스러워지고, 회사의 비전이 상상되고 설레기 시작한다.

경험상 회사 내 각 마일스톤 관리도 최대한 숫자적으로, 정량적 데이터를 기반으로 하는 회사는 확실히 신뢰가 더 가고, 성공할 확률도 높았다. 그러나 많은 창업자들이 모든 것을 숫자로 표현하는 것을 어려워한다. 영업이나 재무같이 돈에 가까운 영역은 숫자로 표현이 가능하지만, 기획, 개발이나 마케팅 영역은 숫자로 표현하기 어렵다고 이야기한다. 팀의 역량, 개인의 역량같은 HR 역시 숫자로 표현하기 어렵다고 한다. 하지만 이러한 영역 조차도 정량적으로 표현할 수 있어야 한다. 개인의 역량은 시간대비 진행할 수 있는 일의 양으로 정량화가 가능하고, 그 일이 실제 회사의 성장에 어떠한 형태로 도움이 됐는지도 정량적으로 표현 가능하다고 본다. 한달 동안 개발팀이 개발한 기능이나 페이지가 있다고 하면 단순히 '개발이 완료되었습니다'에서 끝나는 것이 아니라, 이 기능이 실제 매출 향상 또는 고객전환에 얼마나 도움을 줬는지 등은 수많은 데이터 기반의 의사결정을 도와주는 도구로 얼마든지 추적할 수 있지 않은가.

창업자가 자신이 이루어 가는 회사가 어떠한 시장을 목표로 어디를 향해서 나아가고 있으며, 현재 그것을 위해 어떠한 가정을 기반으로 어떠한 형태로 조직을 이끌며 해당 문제를 어떻게 풀어가고 있는지를 모두 정량적으로 표현하면서 회사를 설명해 보자. 그렇다면 투자자가 어떠한 질문을 해도 답변하기 수월해질 것이고, 투자자의 회사에 대한 이해도와 호감도는 수 배로 올라갈 수 있을 것이라 확신한다.

투자는 얼마나 받아야 할까?
: 최적의 투자 시점

"투자를 얼마나 받아야 할까요? 저희 회사 가치는 얼마나 될까요?"는 투자자 입장에서 가장 많이 듣는 질문 중에 하나다. 물론 막연히 생각하면 투자금은 많으면 많을수록 좋지만, 투자금의 규모는 회사의 가치 그리고 이에 따른 지분의 희석과 직접적으로 연관이 되기 때문에 생각보다 신중하게 정해야 한다.

개인적으로 많은 창업자들에게 위의 질문을 받았을 때, 다음과 같이 생각해 보라고 조언한다.

첫째, 다음 마일스톤까지 1년 반~2년 동안 쓸 돈의 범위를 추측해 본다. 돈을 쓰는 건 정말 쉽다. 하지만 잘 쓰는 건 생각보다 어렵다. 생각보다 많은 회사가 수십~수백 억을 투자받고도 망하는 이유가 바로 이 때문이다. 현재 우리 회사가 2년 뒤 무조건 달성해야 하는 마일스톤을 정하고, 이에 따라 돈을 효율적으로 쓴다고 가정했을 때 최소 얼마가 필요한지 계산을 해보았으면 한다. 투자금에 따라 달성할 수 있는 마일스톤을 점진적으로 세우는 방법도 있지만, 개인적으로는 확실한 마일스톤을 먼저 세우고 투자금을 역산하는 것이 낫다고 생각한다. 2년으로 정한 이유는 1년은 너무 짧고 1년마다 투자를 받는 건 생각보다 리소스 낭비가 너무 심하며, 단기간에 집중해서 일할 수 있는 시간은 2년 정도로 생각하기 때문이다. 5년 뒤 마일스톤은 2년 뒤에 다시 구체적으로 정하면 된다.

둘째, 지분이 10~20% 희석될 만큼의 돈을 계산해 본다. 이는 회사의 가치 그리고 지분 희석에 바로 연결되는 문제다. 우리 회사의 가치가 pre-80억이면 20억 투자를 받았을 때 20%의 지분이 희석된다. 하지만 우리회사의 가치가 50억이면 20억을 받으면 거의 30%의 지분이 희석된다. 투자를 한 번만 받는 경우는 정말 매우 드물다. 따라서, 지분 희석은 지속적으로 이루어질 수밖에 없기 때문에 지분 희석 예상은 정말 잘해야 하고, 매 라운드 최대 20% 정도가 가장 적당하다고 생각한다.

셋째, 앞의 1 or 2의 AND 조건을 찾는다. 만약 우리 회사가 2년 뒤 마일스톤을 정했는데, 이 마일스톤 달성을 위해서는 20억이 필요할 것 같다고 가정해 보자. 시장에서 80억 이상의 가치를 인정해 주면, 1, 2 조건을 모두 부합하기 때문에 진행하면 된다. 그리고 이것이 가장 적합한 투자 유치 시점과 투자 유치 규모이다. 하지만, 시장에서의 가치가 50억 미만이라면, 20억을 받을지 투자금을 줄일지 고민하면 되고 이때는 당연히 투자 유치가 아닌 다른 방법으로 버티면서 80억 가치까지 올리고 20억을 받든지, 아니면 마일스톤을 조금 수정하여 투자금을 줄여 받으며 1, 2를 챙기면 된다. 회사가 당장 망하기 직전이거나, 수정할 수 없는 다음 마일스톤이 있는 경우를 제외하고는, 1과 2는 무조건 모두 챙기는 것이 좋다.

사업은 마라톤이고 투자 유치도 마라톤이다. Pre-A, Series A, Series B 그리고 그 이후 투자도 순차적으로 수월하게 받기 위해선 각 단계별로 마일스톤이 달성되어야 넘어갈 수 있다. 각 시리즈별로 일반적으로 기대하는 외형적 요건이 있기 때문에, 마일스톤을 달성하기 전에 투자금이 먼저 떨어지면 아무리 여태까지 투자를 많이 받았더라도 위기가 올 수밖에 없다. 특히, 멈췄다 달리면 더 힘들듯, 성장속도가 꺾인 스타트업은 투자 유치에 더 난항을 겪을 수밖에 없다. 최근에 수십~수백 억 투자를 받고, 다음 투자단계에서 가치를 상승시키지 못하고 이전에 평가받았던 기업가치보다 낮게 평가 받게 되는Down-round 회사들이 수두룩한 것은 이를 반증한다.

투자 유치는 전략이다. 최적의 투자 유치 시점과 적절한 투자 유치 규모를 세워 모든 투자자들이 서로 투자하고 싶은 회사로 포지셔닝 되면 될수록, 회사는 안정적으로 성장할 것이다.

Founders and Investors

계약 그리고
성장

3-1
너무 신경 쓸 게 많은 계약서, 왜 중요할까?

투자자

"계약서는 창업자의 비행을 막는 최소한의 장치!"

투자자와 창업자 간의 신뢰와 약속을 담은 청사진 = 투자계약서

투자 계약서의 조건과 계약은 양측이 합의한 내용을 명확히 문서화하는 중요한 역할을 한다. 이는 단순한 형식적 절차가 아닌, 향후 발생할 수 있는 모든 상황에 대한 명확한 기준을 제시하는 근거가 된다. 계약의 조건이 명확하지 않으면 불필요한 오해와 분쟁이 발생할 수 있으며, 최악의 경우 법적 소송으로까지 이어질 수 있다.

이러한 분쟁 상황은 단순히 시간과 비용의 낭비를 넘어서 사업의 존폐에까지 영향을 미칠 수 있다. 그렇기에 투자자들은 계약을 통해 모든 조건과 의무사항을 사전에 명확히 규정하고자 한다. 이는 비단 투자자만을 위한 것이 아니다. 창업자 역시 명확한 계약 조건을 통해 투자자와의 신뢰 관계를 구축하고, 안정적인 사업 운영의 토대를 마련할 수 있다.

정보가 많으면 많을수록 훌륭한 계약서가 나온다

투자자는 현재의 시장 상황과 투자 조건을 파악하기 위해 다양한 이해관계자들과 긴밀한 소통을 진행한다. 이는 단순한 정보 수집을 넘어서, 시장의 전반적인 흐름을 이해하고 합리적인 투자 조건을 도출하기 위한 필수적인 과정이다. 더 중요한 점은 이런 과정에서 얻은 정보들이 실제 투자 협상에서 중요한 협상 자산이 된다는 점이다.

특히 투자자들은 다른 투자기관들의 투자 조건, 유사 기업들의 기업가치 산정 방식, 주요 계약 조항들에 대한 시장의 관행 등 폭넓은 정보를 수집한다. 이렇게 축적된 정보는 투자 의사결정의 기준이 되며, 투자 대상 기업과의 협상 테이블에서 좀더 유리한 위치를 선점 할 수 있게 된다.

즉 투자 계약서 작성 전의 정보 수집 과정은 단순히 '정보는 힘이다'라는 차원을 넘어선다. 이는 투자자가 시장 상황에 대한 깊은 이해를 바탕으로 투자 대상 기업의 가치를 정확히 평가하고, 양측 모두에게 공정하고 합리적인 투자 조건을 제시할 수 있기 때문에 투자자는 가능한 많은 정보를 수집하려고 노력해야 한다.

투자 계약에서 가장 위험한 것 = 의미 없는 서명

명확한 이해와 합의 없이 단순히 계약서 날인에만 집중하는 투자자와 창업자들이 간혹 있다. 이는 매우 위험한 접근이다. 초기에 잘못 체결된 계약은 단순한 문서상의 실수를 넘어, 향후 양측의 관계를 심각하게 악화시킬 수 있는 뇌관이 될 수 있기 때문이다. 특히 초기 거래 과정에서 발생한 문제는 양측의 신뢰를 크게 훼손시키며, 이는 장기적인 협력 관계 구축에 치명적인 장애물이 될 수 있다.

따라서 계약 체결 시에는 처음부터 모든 조항을 꼼꼼히 검토하고 신중하게 판단하는 자세가 필수적이다. 초기 거래에서의 성공적인 경험은 향후 더 깊은 신뢰 관계로 발전할 수 있는 토대가 되기 때문이다.

특히 창업자들은 종종 회사의 기업가치를 높게 평가하는 계약서만을 중요하게 여기는 경향이 있다. 하지만 이는 매우 근시안적인 접근이다. 기업가치 평가 외에도 경영권 관련 조항, 우선주 관련 권리, 정보 접근 권한 등 다양한 계약 조건들이 창업자의 실질적인 경영 활동과 회사의 미래에 중대한 영향을 미칠 수 있다. 따라서 창업자는 단순히 기업가치라는 단일 지표가 아닌, 계약서의 모든 조건을 종합적으로 고려하여 신중하게 판단해야 한다.

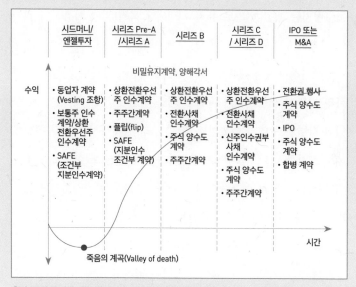

투자계약은 금전을 지급하고 그 대가로 주식이나 사채를 받는

모든 계약을 말한다. 초기 투자 이후에는 투자 유치 시 관련된 계약들은 외부 법무법인이나 기존 투자사와의 자문/논의를 통해서 각 계약을 체결하겠지만, 창업자라면 한번쯤은 기업이 성장하는 과정에서 어떤 계약들이 있는지 확인할 필요가 있다.

1. 비밀유지계약NDA: 투자를 위한 비공개 정보 공유, 실사 개시, 본격적인 계약 협의 등에 앞서 가장 먼저 체결하는 계약이다. 정보 제공자가 정보수령자에게 특정 목적으로 비밀정보를 공유하되, 정보수령자는 이를 비밀로 유지하고 해당 목적 외에 사용하지 않기로 약속하는 내용이다.

양해각서나 주식매매계약에 비해 중요성이 간과되기 쉽지만, 회사의 비밀이 새나가거나 유출에 대한 책임을 물을 수 없게 될 수 있어 각별한 주의가 필요하다. 거래 고려 단계에서 공개되지 않은 내부 정보를 평가 목적으로 제공하기에 앞서 정보 이용과 보호에 대한 기본 규정을 정한다는 데 의의가 있다. 통상 대기업이나 규모가 큰 투자거래에서는 비밀유지계약을 시작으로 투자를 집행한다.

2. 양해각서MOU: 흔히 법적 구속력이 없다고 오해하지만 실제로는 그렇지 않다. 오히려 다양한 형식과 내용으로 작성되어 일률적으로 구속력이 없다고 정의하기 어렵다. 보통 어느 정도 논의가 진행된 이후 최종계약 체결이 예정된 상황에서 법률실사나 협상 전

에 당사자 간 거래 구조, 독점적 협상 등 진행절차와 주요 조건에 관해 상호 이해한 바를 규정하는 쌍무계약의 의미로 쓰인다.

비슷한 목적으로 계약내용 협의서Term Sheet를 쓰기도 한다. 이는 투자계약을 체결하는 최종 단계에서 주요 항목과 합의 내용을 표 형태나 개조식으로 간략히 정리한 문서다.

3. 신주인수계약 Share Subscription Agreement, SSA: 회사가 신주를 발행하고 투자자가 주식대금을 지급해 투자하는 계약이다. 이론상 투자자와 회사 간 계약으로 충분하지만, 실제로 주요주주나 이사 개인에게도 권리와 의무를 부여하려 한다. 그래서 보통 ① 투자자, ② 회사, ③ 이해관계인(주요주주 또는 주요이사)이 당사자로 참여한다. 따라서 이해관계인이 될 수 있는 공동창업자, CTO들도 관심을 가져야 할 계약이다.

4. 전환사채인수계약 Convertible Bond, CB: 사채(회사채)는 회사가 자금 조달을 위해 발행하는 채권으로, 회사는 채권자에게 차용금과 이자를 갚을 의무가 있다. 투자자들은 일반 사채보다 전환사채를 선호한다. 따라서 대부분의 전환사채는 발행 당시엔 사채지만 일정 기간 내 사채권자가 전환권을 행사하면 주식으로 바뀌는 채권이다. 전환권 미행사 시 만기에 상환해야 하므로 일반 사채보다 투자자에게 유리할 가능성이 높다.

5. 구주 양수도계약: 이미 발행된 주식구주을 사고파는 계약으로, 경영권 이전이나 투자의 한 방식으로 쓰인다. 신주 발행이 없어 회사가 거래 상대방이 아니며, 주로 기존 주주와 투자자 간 계약으로 이뤄진다. 주의해야 할 점은 주주 구성만 바뀌고 회사 자본금은 늘지 않는 게 신주인수계약과의 큰 차이다. 신주인수 때는 투자금이 오직 회사로 들어가지만, 구주 양수도에선 주식을 파는 주주에게만 매매대금이 지급된다. 회사엔 투자금이 들어오지 않는다.

창업자

"절대적으로 확인해야 할 독소조항 3가지!"

을로 시작할 수밖에 없는 창업자의 계약서

여러 차례 투자 경험이 있는 창업자들은 투자계약서에 대한 이해도가 높은 편이다. 반면 첫 투자를 받는 창업자들은 투자계약서를 작성해본 경험이 전무하다. 따라서 주로 첫 창업자들이 투자 계약서로 인해 피해를 보는 경우가 빈번하다. 투자 유치 과정에서 투자자의 마음이 바뀌거나 투자의사결정이 취소될까 하는 불안감 때문에 창업자는 자연스럽게 을의 입장에 처하게 되기 때문이다. 이러한 상황을 많이 겪어본 투자자는 '좋은 게 좋은 거지'라며 본인들이 좀 더 우위에 있는 계약서 날인을 요청을 하곤 한다.

하지만 계약서는 절대 불변의 법적 문서다. 실제로 구두로 합의했던 내용이 계약서와 다른 경우를 수없이 목격할 수 있었고, 대부분의 투자계약서는 창업자보다 투자자의 이익을 우선하여 작성되는 경향이 있다.

물론 투자자의 입장도 이해할 수 있다. 창업자를 믿고 거액을 투자하는 만큼, 투자기업에 대한 견제와 감시 장치로서 계약서의 조항들이 필요한 것은 사실이다. 하지만 진정한 문제는 창업자에게 세부 사항을 명확히 설명하지 않은 채 계약서에 불리한 조항을 포함시키고, 추후 이를 활용하여 창업자를 압박하는 행위에 있다.

대표적으로 창업자가 유의해서 살펴봐야 할 계약서 상의 내용은 3가지 정도가 있다.

첫 번째로 주목해야 할 투자계약서의 주요 조항은 '사전 동의권'이다. 일반적으로 투자자들은 전환상환우선주RCPS, Redeemable Convertible Preference Shares 형태로 투자를 진행하는데, 이는 투자 회수에 대한 조건은 있지만 이사회 선임 등에 대한 의결권은 없는 경우가 많다. 그러나 투자자들은 이러한 한계를 보완하기 위해 사전동의권을 설정하여, 주요 사업 진행 시 자신들의 동의를 필수로 요구하게 만든다.

물론 주주사전동의권은 투자자들의 권리를 보호하고 기업을 감시하는 차원에서 필요한 제도이다. 하지만 문제는 일부 투자자들이 이 조항의 세부 사항을 지나치게 상세하게 규정하여 이를 통제 수단으로 활용한다는 점이다.

구체적인 사례를 보면, 신주발행신규 투자 유치 과정에서 기존 투자자가 자신들의 지분 가치나 지분율 희석을 우려하여 사전동의권을 근거로 반대하는 경우가 있다. 또한 초기 투자계획서와 다른 방향으로 사업이 진행된다는 이유로 사전동의권을 발동하여 기업을 압박하는 상황도 발생한다.

더 심각한 경우는, 악의적인 투자자들이 사전동의권 조항에 기업의 일상적인 업무까지 포함시켜 놓고, 평소에는 문제 삼지 않다가 회사가 어려워질 때 이를 빌미로 자금 회수를 요구하는 것이다. 이들은 사전동의를 받지 않은 과거의 모든 사항들을 열거하며 회사를 압박하는 수단으로 활용한다.

따라서 사전동의권 작성 시 창업자는 각 항목을 최대한 살펴보고 가능한 많은 부분을 삭제하는 게 좋다. 투자자 입장에서도 계속 그냥 명목상 넣어 놓은 사항들이라고 이야기하면, 오히려 그렇기 필요 없으니 삭제해도 무방하다고 주장함이 추후에 분쟁을 예방할 수 있다.

두 번째로 주목해야 할 조항은 '주식매수청구권'이다. 이는 투자자의 지분을 창업자가 다시 매수해야 하는 일종의 풋옵션Put Option 조항으로, 대개 높은 금액이나 투자 기간에 따른 이자까지 부담해야 하는 조건이 포함된다. 이는 투자자가 기업 성장에 따른 이익은 취하면서 실패의 리스크는 창업자에게 전가하는 불균형한 구조라고 볼 수 있다.

특히 일부 투자자들은 주식매수청구권 발동 조건을 매우 상세하게 작성하여 이를 창업자 압박의 수단으로 활용하기도 한다. '창업자의 고의 또는 중과실'과 같은 일반적인 법률 문구들은 법률 지식이 부족한 일반 창업자들이 그 의미와 파급효과를 정확히 이해하기 어려운 경우가 많다.

물론 투자자 입장에서 주식매수청구권이 투자금 회수를 위한 필수적인 안전장치라는 점은 이해할 수 있다. 하지만 투자자들 역시 스타트업에 대한 투자는 '높은 실패의 리스크를 감내하는 고위험 투자'라는 점을 인지해야 한다.

마지막으로 주의해야 할 조항은 '특별상환권'이다. 전환상환우선주 형태의 투자에서는 기본적으로 투자금 상환 권리가 포함되는데, 일반적으로 이 상환은 기업의 이익 발생을 전제로 한다. 즉, 기업이 이익을 낼 경우에만 그 이익으로 투자금을 상환하는 것이 원칙이다.

그러나 초기 스타트업의 특성상 대부분의 기업들은 당장의 이익 창출보다는 손익분기점BEP 달성을 목표로 하거나, 초기 적자를 감수하면서 매출 성장에 집중하는 경우가 많다. 따라서 일반적인 상환청구권이 발동되더라도 이익이 없는 상황에서는 실질적으로 상환이 불가능하다.

문제는 일부 투자자들이 '특별상환권'이라는 조항을 삽입하여, 회사에 이익이 없더라도 기업의 자산이나 매출 수익으로 상환을 강제할 수 있게 만든다는 점이다. 이는 성장 단계에 있는 스타트업의 현금흐름을 심각하게 위협할 수 있는 매우 위험한 조항이다. 따라서 창업자들은 특별상환권을 요구하는 투자자들을 특히 주의하고 경계해야 한다.

별도로 투자계약서에는 '선량한 관리자의 의무'와 같은 법률 용어들이 자주 등장한다. 일반적인 해석으로는 단순히 '깨끗하게 기업을 관리하면 되는 것' 정도로 이해될 수 있으나, 실제 법률적 의미는 '상당히 높은 수준의 관리자 의무'를 지칭하는 것이다.

이처럼 계약서에 사용되는 문구들은 일상적인 용어와 달리 특별한 법률적 의미를 내포하고 있다. 따라서 계약서의 모든 문구를 세심하게 검토하고 그 법률적 의미를 정확히 파악하는 것이 매우 중요하다. 물론 전문 변호사의 도움을 받아 계약서를 검토하고 작성하는 것도 좋은 방법이다. 하지만 더욱 중요한 것은 대표자가 계약서의 내용을 완벽하게 이해하고 숙지하는 것이다. 결국 계약의 이행과 책임은 대표자에게 있기 때문이다.

3-2
투자를 받은 이후에 뭘 해야 할까?

투자자

"투자받는 순간 '기업'이 달라지지 않았으면…."

　투자 유치 시점에는 창업자와 투자자 모두 기업의 급격한 성장을 기대하며 의기투합하게 된다. 그러나 문제는 투자 이후, 양측이 기대하는 '성장 속도'에 차이가 발생하면서 긴장관계가 형성되기 시작한다.

　투자자들은 초기 합의된 방향과 계획에 따라 투자금을 적극적으로 집행하여 사업의 급성장을 도모하길 원한다. 반면 일부 창업자들은 투자 유치 후 보수적인 자금 운용을 선택하며 신중한 성장을 추구하는데 이때 양측의 기대 차이가 커지면서 갈등이 발생하는 양상을 보이기도 한다. 하지만 더 큰 문제는 계획에 맞춰서 투자 자원을 소비했지만 기업 성장의 지표가 변화하지 않을 때이다.

투자받은 후 달라지는 창업자, 사업 계획

투자 유치 전에 모든 창업자들은 투자금 활용 계획과 예상되는 성장 시나리오를 제시한다. 하지만 현실에서는 대다수의 기업들이 당초 계획했던 방향대로 투자금을 집행하지 못하는 상황에 직면한다. 이는 사업 환경의 불확실성에서 기인하는 자연스러운 현상으로, 예상했던 사업에 계획보다 많은 자금이 소요되거나 투자 대비 주요 지표가 기대에 미치지 못하기 때문에 발생한다. 투자자들도 사업의 불확실성과 예측의 어려움을 어느 정도 이해하고는 있다. 그러나 실제 편차가 투자자의 허용 범위를 크게 벗어나고, 특히 투자금은 계획대로 소진되었음에도 기업의 성장이 정체된다면, 이는 투자자 입장에서는 초기 투자 가설이 실패한 것으로 판단할 수밖에 없어 긴급한 대응을 요구하게 된다.

이런 상황들로 투자자들은 투자 이후에 기업 성장 둔화를 매우 경계한다. 그들은 지속적인 성장이 후속 투자 유치의 핵심 조건이며, 적시에 투자금을 활용한 가속화 전략이 기업의 규모를 확장하는 데 필수적이라는 점을 잘 알고 있다. 특히 한번 성장 모멘텀이 꺾인 기업이 재도약하기까지는 상당한 시간과 자원이 소요된다는 것을 경험적으로 이해하고 있기 때문이다. 이러한 맥락에서 핵심성과지표KPI의 설정은 매우 중요한 의미를 갖는다. 창업자는 자사의 비즈니스 본질을 정확히 반영하는 KPI를 신중하게 선정하고, 이를 지속적으로 개선시키는 것을 최우선 과제로 삼아야 한다.

평생 PMF만 찾는 스타트업

창업 생태계에서 가장 빈번하게 등장하는 변명 중 하나는 '제품-시장 적합성PMF, Product Market Fit'을 찾는 데 예상보다 시간이 소요되었다'는 것이다. 이는 제품 개발 기간이 지연되거나, 영업·마케팅 투자 대비 실적이 기대에 미치지 못할 때 자주 언급되는 설명이다. 흥미로운 점은 투자 유치 시점에는 'Product Market Fit에 근접했다'고 주장하다가, 투자 후 시간이 경과하면서 여전히 시장 적합성을 찾지 못했다며 외부 요인을 지적하는 경우가 많다는 것이다. 더 나아가 일부 창업자들은 투자자의 소극적인 지원을 지적하며 책임을 전가하려는 모습을 보이기도 한다. 하지만 본질적으로 투자자는 조력자의 역할에 국한된다. 투자 행위 자체가 창업자와 기업에 대한 전적인 신뢰를 바탕으로 이루어진 것이며, 따라서 투자금을 활용한 성장 실패의 책임은 궁극적으로 창업자에게 있다는 점을 분명히 인식해야 한다.

창업자

"시스템화 된 회사에서 CEO로 살아남기!"

투자 유치를 달성한 창업자들은 흔치 않은 인생의 전환점을 경험하게 된다. 투자 유치 성공 스토리가 언론에 보도되고 주변의 축하를 받으면서, 마치 사업적 성공을 이룬 것 같은 착각에 빠질 수 있다. 하지만 투자 유치는 결코 성공의 종착점이 아니다.

실제로 투자 유치 이후에는 이전과는 전혀 다른 현실이 펼쳐진다. 창업자는 투자자들의 기대와 함께 일상적인 경영 활동에 대한 세세한 질문과 검토를 받게 된다. 매출 현황부터 이사회 운영, 비용 관리, 인재 채용, 경쟁 분석에 이르기까지, 거의 매일 다양한 사항들에 대해 답변하고 설명해야 하는 위치에 서게 된다.

더욱이 책임의 범위도 크게 확장된다. 이전에는 가족이나 창업팀 구성원들에 대한 책임만 있었다면, 이제는 투자자들의 기대에 부응해야 하고 피투자기업으로서의 의무도 함께 이행해야 한다. 결국 투자 유치는 성공이 아닌, 더 큰 책임과 도전이 시작되는 새로운 출

3

발점인 것이다.

기업 성장을 위한 시스템화

투자 유치 이후 창업자가 최우선으로 집중해야 할 것은 회사의 모든 운영 과정을 시스템화하는 것이다. 그동안 대표자 개인에게 집중되어 있던 업무들을 체계적으로 정리하고, 누구라도 수행할 수 있는 표준화된 시스템으로 전환해야 한다.

이러한 시스템화는 모든 영역에서 이루어져야 한다. CS 업무의 자동화뿐만 아니라, 마케팅을 통한 매출 창출 과정, 더 나아가 인재 채용과 업무 분배까지 포함하는 HR 시스템 구축까지 전방위적으로 진행되어야 한다. 결과적으로 구조화된 조직이 자연스럽게 운영될 수 있는 기반을 마련해야 하는 것이다.

이 과정에서 창업자의 역할이 결정적으로 중요하다. 왜냐하면 창업자야말로 CS, 마케팅, 채용 등 모든 영역을 직접 경험한 회사 내 유일한 전문가이기 때문이다. 따라서 본인의 경험과 노하우를 체계화하여 새로운 팀원들이 동일한 수준의 업무를 수행할 수 있도록 전수하고, 이 과정이 자동화될 수 있도록 지원해야 한다.

이렇게 시스템화된 프로세스가 하나의 기계처럼 안정적으로 작동하게 되면, 창업자는 투자금을 투입하여 이 '기계'가 더 빠르게,

더 효율적으로 작동하도록 만들면 된다. 이것이 바로 우리가 말하는 스케일업 또는 성장의 본질이다.

이 모든 시스템화 과정에서 창업자의 역할이 절대적으로 중요하다. 그 이유는 명확하다. 창업자만이 CS, 마케팅, 채용 등 모든 영역을 직접 수행해 온 회사 내 유일한 경험자이기 때문이다.

따라서 창업자는 자신의 경험과 노하우를 체계적으로 정리하여 새로운 팀원들에게 전수해야 한다. 이는 단순한 업무 인수인계가 아닌, 팀원들이 창업자와 동일한 수준의 퀄리티로 업무를 수행할 수 있도록 만드는 과정이다. 더 나아가 이 과정이 자동화되어 창업자 없이도 원활하게 운영될 수 있는 시스템으로 정착시켜야 한다.

모든 걸 바꿔야 한다, 설상 그게 CEO라 할지라도
능력이 없다면 내려 놔야 한다

성장 단계에서는 창업자 CEO의 역할이 근본적으로 변화해야 한다. 더 이상 실무를 직접 수행하는 플레이어가 아닌, 자본을 효율적으로 운용하여 지속 가능한 성장을 이끄는 매니저로 전환되어야 한다. 핵심은 투자 자본을 빠르게, 하지만 효율적으로 사용하여 성장 동력을 유지하는 것이다.

이를 위해서는 기존에 창업자가 담당했던 실무적인 역할들을 각 분야의 전문가들에게 이양해야 한다. 때로는 회사의 성장을 위해 CEO 자리까지도 전문경영인에게 넘겨야 하는 상황이 올 수 있다. 이는 결코 쉽지 않은 결정이지만, 회사의 지속적인 성장을 위해서는 필요한 선택일 수 있다.

이 과정에서 가장 중요한 것은 적절한 인재 채용이다. 운이 좋거나 탄탄한 네트워크가 있다면 필요한 인재를 즉시 영입할 수 있겠지만, 현실적으로는 투자자들이 추천하는 전문 헤드헌팅 회사의 도움을 받는 경우가 많다. 만약 이마저도 여의치 않다면, 현재 보유한 A급 인재들의 네트워크를 활용하여 우수 인력을 채용하는 것도 효과적인 대안이 될 수 있다.

인재채용을 위한 A급 고구마, B급 감자 이론
(난 고구마인가? 감자인가?)

모든 것이 부족한 스타트업 대표에게 사람을 채용할 상황이 발생한다면, ① 시간이 오래 걸리더라도 구하기 어려운 A급 인재를 채용하는 것이 맞을까? ② 아니면 상황이 급하니 우선 B, C급 인재를 채용하는 것이 옳은 일인가?

이상과 현실은 늘 다르지만 가능하다면, 아니 어떠한 방법을 쓰더라도 A급 인재를 채용하는 것이 가장 올바르고 중요하다고 이야기할 수 있다. A급 인재의 중요성은 스티브잡스가 외부 인터뷰를 통해서도 계속 이야기해 왔으며 "Not settling for B and C Players, But really going for the A Player"라는 말이 늘 회자되곤 한다.

"There are All A Players"

출처: Steve Jobs — The lost interview1995 by Robert Cringely

스티브 잡스는 일반적인 업무에서는 평균업무(B급)와 최고(A급)의 차이가 2배 정도(예를 들어 A급 운전기사와 B급 운전기사가 목적지에 도달하는 시간 차이)에 그치지만, 소프트웨어 분야에서는 A급과 B급의 격차가 50배 이상으로 벌어진다고 이야기를 한다. 그래서 그는 B급이나 C급이 아닌 A급 인재를 찾아 모으는 데 집중해야 한다고 주장한다. 또한 B급 C급은 그들 사이에서 대장놀이 하기를 선호하나, A급 인재들은 서로를 알아보고 신뢰하며, 이들끼리 스스로 뭉쳐 시너지가 폭발적으로 일어나 큰 성공을 이룰 수 있다는 게 잡스의 믿음이었다. 이런 HR 전략으로 회사가 성공하면 더 많은 A급 인재가 모여들고, 회사는 더욱 성장하며 우수한 인재 유입의 선순환을 만들어 낼 수 있다고 이야기한다.

국내에는 이와 유사한 A급 고구마 이론, B급 감자 인재론도 있다. 국내 대형 게임기업의 창업자가 이야기한 인재론으로 A급 인재 주변에는 A급 인재가 있다는 말이다. 마치 고구마를 찾기는 어렵지만 한 개만 캐내기 시작하면 주변의 고구마가 줄줄이 딸려온다는 뜻으로 A급 인재를 채용하면 해당 네트워크를 활용하여 A급 인재 채용이 가능하다는 점이다. 반대로 B급 감자란, B급 썩은 감자를 두면 옆에 A급 감자도 썩게 만들어 모두 B, C급으로 바뀐다는 말이다.

그렇다면 서두에 말한 것처럼 A급 인재를 어떻게 데려올 수 있을까?

스티브잡스, 앨런 머스크도 A급 인재를 채용하는 과정에서 늘 동일하게 이야기한다. 진정한 인재들은 돈이나 환경을 보고 기업을 선택하지 않는다. 오히려 인류가 해결해야 하는 문제, 일반 사람들이 쉽게 해결할 수 없는 커다란 문제가 있다면 A급 인재들은 오히려 '사명감'을 가지고 적극적으로 해결하고자 하는 경우가 많다.

A급 인재가 눈앞에 나타났다면 지속적으로 그들에게 본인이 하고자 하는 사업을 설명하자. 그리고 높은 급여와 복리후생을 이야기하는 게 아닌 그 사업에 당신이 왜 필요한지를 끊임없이 이야기해 준다면 그들은 '사명감'을 가지고 회사에 합류하게 될 것이다.

스타트업 대표의 입장에서는 이상적인 이야기로 들릴 수 있다. "누가 A급 인재를 못 뽑고 싶어서 그런가? A급 인재가 우리 회사에 안 오는 게 문제지"라고 말할 수도 있을 것이다. 하지만 다시 스스로 생각해 보자 A급 인재가 우리 회사에 안 오는 이유가 창업자의 매력, 회사의 비전, 해결하고자 하는 사명감이 낮아서가 아닐지?

이 인재론과 관련된 주제는 창업자들이 고민할 사항뿐만 아니라 모든 직장인에게도 한번쯤 생각해 볼 사항이다. 스스로에게 자문해 보자. 난 회사에서 고구마(A급)인가 감자(B급)인가?

성장은 새로운 고통을 수반할 수도 있다. 하지만 나비가 애벌레에서 번데기로 바뀌고, 그 틀을 벗어나서 날개를 펼치는 것처럼, 기업도 성장을 통해서 새로운 조직으로 변화할 수 있는 기회가 될 것이다.

3-3
대기업과 같이 일하는 게 좋을까?

투자자

"잘되고 나서 만나도 늦지 않다."

투자 이후 성장하는 스타트업들은 자연스럽게 대기업들의 관심을 받게 된다. 이러한 관심은 다양한 형태로 나타나는데, 투자자를 통해 유명한 대기업이 특정 스타트업과의 미팅을 요청하는 경우도 있고 때로는 대기업의 신사업을 위한 인수대상으로 스타트업을 만나고자 하는 경우도 발생한다. 이는 한국의 창업 생태계가 성숙해지면서 과거에는 협업이나 전략적 파트너십의 대상으로 고려되지 않았던 스타트업들이 이제는 대기업의 주요한 비즈니스 파트너로 부상하고 있음을 보여 준다.

1

그러나 투자자의 관점에서 이러한 대기업과의 협업이나 제휴는 양날의 검과 같다. 가장 우려되는 점은 대기업과의 협업 과정에서 발생하는 시간과 자원의 소비가 스타트업의 핵심 경쟁력을 약화시킬 수 있다는 것이다. 대기업은 보통 실제 수익을 창출하는 핵심 사업부가 아닌, 신사업 부서나 오픈이노베이션 업무 관련 부서를 통해 스타트업과의 협업을 추진한다. 문제는 스타트업은 자신의 모든 역량과 자원을 핵심 사업에 집중해서 올인하고 있는 상황이지만, 대기업은 특정 부서의 소규모 자원만을 투입하여 새로운 사업을 진행하려고 시도한다는 점이다. 이러한 상황은 필연적으로 양측의 사업 추진에 대한 절박함과 몰입도의 차이를 만들어 낸다. 결국 대기업의 적은 자원과 더딘 의사결정 속도로 인해 스타트업은 대기업의 의사결정 구조에 종속되고 본연의 성장 방향성을 잃을 위험에 처하게 된다.

더욱 심각한 문제는 대기업의 기술 및 사업모델 탈취 위험이 여전히 현존한다는 점이다. 이는 단순히 1990년대나 2000년대 초반 한국의 기업문화가 성숙하지 않았던 시기의 문제가 아니라, 최근에도 투자 검토를 명목으로 스타트업의 사업모델을 참고하여 유사 사업을 런칭하는 사례들이 발생하고 있다. 비록 많은 기술이 공개되어 있고 대기업들도 풍부한 정보력을 보유하고 있지만, 스타트업만이 가지고 있는 독특한 시장 통찰력이나 특화된 기술들은 여전히 매력적인 경쟁 우위 요소이다. 이러한 핵심 역량이 대기업과의 제휴나 투자 검토 과정에서 노출되어 탈취당하는 상황은 스타트업의 존립을 위협할 수 있는 중대한 리스크다.

언젠가는 만나야 할 전략적 파트너

그러나 이러한 위험성이 대기업과의 관계를 전면 차단해야 한다는 의미는 결코 아니다. 대기업은 단순한 시제품 기술검증과정PoC, Proof of Concept에 대한 협력만으로도 인지도가 부족한 스타트업에게 강력한 레퍼런스를 제공할 수 있으며, 장기적으로는 안정적인 매출을 보장하는 핵심 고객사나 잠재적 M&A 파트너로 발전할 수 있는 중요한 전략적 파트너이다. 관건은 협력의 적절한 시기와 방식을 선택하는 것이다. 창업자는 대기업과의 관계를 전략적으로 유지하되, 과도한 종속성을 경계하고 항상 다양한 대안을 확보하며 독자적인 성장 경로를 구축해야 한다. 스타트업이 자체적인 성장 동력을 입증할수록 대기업의 진정성 있는 관심도 높아질 것이며, 이는 결국 양측 모두에게 이익이 되는 관계로 발전할 수 있다.

창업자

"스타트업 간의 제휴나 정부 R&D보다
차라리 대기업이 낫다."

최근 대기업들의 스타트업 생태계 참여가 눈에 띄게 증가하고 있다. ESG 경영의 일환으로 또는 신사업이나 기술 발굴을 위해 다양한 스타트업 지원 프로그램을 운영하고 있다.

대기업과의 협력은 스타트업에 여러 가지 이점을 제공할 수 있다. 대기업의 브랜드 파워와 시장 영향력을 활용할 수 있고, 풍부한 인프라와 네트워크를 통해 빠른 성장의 발판을 마련할 수 있다. 또한 향후 잠재적인 투자나 인수합병M&A의 기회로도 이어질 수 있다.

따라서 대기업의 스타트업 지원 프로그램 참여 제안이나 제휴 요청이 있다면, 이를 긍정적으로 검토하고 적극적으로 임하는 것이 바람직하다. 이는 단순한 지원을 넘어서 스타트업의 성장을 가속화할 수 있는 중요한 기회가 될 수 있기 때문이다.

대기업과의 협력은 크게 2가지 관점에서 스타트업에 중요한 기회를 제공한다.

첫째, 영업 채널 확대의 측면이다. 대부분의 스타트업은 인력 구조상 충분한 영업 인력을 보유하기 어렵고, 이러한 역할은 주로 창업자가 직접 수행하게 된다. 하지만 대기업의 프로그램이나 제휴를 통해 B2B 시장에 더욱 효과적으로 접근할 수 있다. 일반적으로 B2B 고객들은 갑의 위치에서 정보 공개를 꺼리는 경향이 있지만, 대기업과의 연계를 통해 잠재 고객이나 핵심 의사결정자들과의 만남이 수월해질 수 있다. 더 나아가 대기업과의 기술거래계약은 다른 기업들과의 거래 시에도 강력한 레퍼런스로 활용될 수 있다.

둘째, 기술 및 산업정보 수집의 측면이다. 아무리 뛰어난 창업자라 하더라도 급변하는 기술 트렌드나 시장 동향을 완벽히 파악하기는 쉽지 않다. 이때 대기업과의 협력은 해당 시장의 전반적인 분위기와 기업들의 입장을 간접적으로 확인할 수 있는 창구가 된다. 특히 다른 산업군의 대기업과 협력할 경우, 새로운 산업에 대한 이해도를 빠르게 높일 수 있는 기회가 된다. 또한 대기업 직원들의 전문성과 식견을 활용하여 평소 접근하기 어려웠던 수준 높은 인재풀에 접근할 수 있다는 것도 중요한 전략적 이점이다.

대기업과의 협업을 효과적으로 할 수 있는 몇 가지 팁

첫째, 특정기업과의 마케팅 이후 해당 마케팅 사항을 동종산업의 경쟁사랑 진행하도록 제안해라. 대기업들은 경쟁사의 움직임에 매우 민감하게 반응하는 특징이 있다. 이러한 특성을 전략적으로 활용할 수 있다.

예를 들어, A제조사와 성공적인 마케팅을 진행했다면, 그 성과를 바탕으로 B경쟁사에게 유사한 마케팅을 제안해 볼 수 있다. 경쟁사는 라이벌 기업의 성공 사례를 듣자마자, 더 큰 규모의 마케팅 예산을 집행하려 할 가능성이 높다. 이는 경쟁사보다 뒤처지지 않으려는 대기업의 전형적인 행동 패턴이기 때문이다.

다만 이러한 전략을 활용할 때는 기존 계약의 독점 조항이나 기간 제한을 반드시 확인해야 한다. 만약 제약 사항이 없거나 계약이 종료된 상태라면, 이 협업 사례를 동종 산업 내 다른 기업들에게도 적극적으로 제안해 볼 것을 권장한다. 이는 스타트업의 성장을 가속화할 수 있는 효과적인 전략이 될 수 있다.

둘째, 가능한 투자를 소액이라도 유치해라. 대기업 투자자의 지분은 생각보다 활용 가능성이 높다. 우선 이들은 욕심 많은 전문 투자자들과는 투자의 목적이 다르다.

대기업의 투자는 일반적인 투자사와는 다른 특징을 가진다. 대기업은 재무적 수익보다는 전략적 제휴를 주된 목적으로 투자를 진행하기 때문에, 통상적인 벤처투자에서 흔히 보는 3~5년 차 회수 계획과 같은 시간적 제약에서 상대적으로 자유롭다.

이러한 특성은 투자 관리 방식에도 반영된다. 대기업은 일반 투자자들에 비해 훨씬 더 유연하고 너그러운 태도를 보이며, 주주로서도 중도적인 입장을 유지하는 경향이 있다. 특히 창업자에 대한 적극적인 반대나 공격적인 행위를 하는 경우가 드물다.

더욱 중요한 것은 대기업과의 제휴나 공동사업 추진 시 얻을 수 있는 이점이다. 일반적으로 대기업과의 협업은 즉각적인 수익 창출로 이어지기 어렵다. 그러나 대기업이 단 1%라도 지분을 보유하고 있다면, 해당 프로젝트는 자회사나 관계회사의 이익 증대라는 관점에서 검토되어 내부 승인을 얻기가 훨씬 수월해진다.

셋째, 그렇다고 모든 대기업 프로그램에 찾아다니지 말아라. 대기업과의 제휴가 가진 장점에 매료되어 무분별하게 여러 대기업의 프로그램에 참여하거나 제휴를 제안하는 것은 바람직하지 않다. 산업계는 생각보다 좁은 네트워크로 연결되어 있어, 어느 스타트업이 여러 대기업을 동시에 접촉하며 제휴를 요청하고 다닌다는 정보는 쉽게 공유될 수 있다.

이러한 행태는 오히려 스타트업의 신뢰도를 떨어뜨리고, 진정성에 의구심을 불러일으킬 수 있다. 대기업들은 자신들이 검토 중인 스타트업이 다른 대기업들과도 유사한 제안을 하고 다닌다는 사실을 알게 되면, 해당 기업과의 협력에 신중해질 수밖에 없다.

따라서 대기업과의 제휴는 전략적으로 신중하게 접근해야 한다. 일단 제휴가 성사되면 그 기회를 최대한 활용하되, 결코 본업에 대한 집중도를 잃어서는 안 된다. 제휴는 어디까지나 사업 성장을 위한 수단일 뿐, 그 자체가 목적이 되어서는 안 되기 때문이다.

한국 시장의 특성상 대기업의 영향력을 간과할 수 없다. 현재의 눈부신 성장을 이룬 대기업들도 모두 한때는 작은 스타트업이었고, 그들의 창업자들 역시 현재의 스타트업 창업자들처럼 치열한 도전의 시간을 거쳐 왔다.

대기업은 단순히 거대 자본을 가진 기업 이상의 의미를 지닌다. 그들의 성장 과정에는 시장 개척의 역사와 혁신의 DNA가 깃들어 있으며, 이는 현재 스타트업들에게도 중요한 시사점을 제공한다. 따라서 대기업과의 협력은 단순한 비즈니스 기회를 넘어, 성공적인 기업으로 성장하기 위한 교두보가 될 수 있다.

대기업과 스타트업 "창조적 파괴"에서 "협력적 경쟁"으로

: Beyond CVC: Venture Clienting and Venture Building

2024년 5월 미국 펜실베니아 와튼스쿨Wharton School의 맥 인스티

튜드The Mack Institute for Innovation Management에서 봄 컨퍼런스에 많은 사람들이 모여들었다. 맥 인스티튜트는 2001년에 설립된 와튼 스쿨의 이노베이션 연구 기관으로, 대학의 기술/학문적 연구를 기업들의 비즈니스에 연결하여 급변하는 기술 환경에서 경쟁력을 유지할 수 있는 방안을 논의하는 기관이다.

24년에는 〈Corporate Venturing & Startups/ Collaborative Innovation: Shaping the Future with Corporate Venturing and Startups〉 주제로 '대기업이 스타트업을 어떻게 바라보고 있으며 이들과 어떻게 함께 성장'할 수 있는지를 논의하는 자리를 마련했다.

발표를 담당한 와튼스쿨의 발레리 야쿠보비치Valery Yakubo-vich, 와튼 MBA 교수를 포함하여 마이크로소프트의 테레자 네메샤니Tereza Nemessanyi, PE and VC Global 부분장, GM 벤처스의 스테폰 크로포드 Stefon Crawford, 벤처 파트너 등이 참석하여 실제 기업들의 스타트업과의 협업 현황을 공유했다.

"MS가 Azure를 직접 판매하는 것보다, 스타트업을 통해 10배 더 많은 판매가 이루어집니다." 마이크로소프트의 테레자 네메샤니는 "우수한 스타트업은 시장에서 최고의 개발자를 보유하고 있으며, 그들이 MS Azure를 사용해 개발한다면, 이는 Azure 플랫폼을 발전시키는 데 큰 도움이 됩니다"라고 이야기했다. "오히려 Azure 서비스를 사용한 기업들이 성장한다면 이는 MS의 시니어 엔지니어들에게 매우 유용한 데이터로 나타나기도 하며, 스타트업의 서비스와 Azure를 연계 후 판매하여 본인들보다 10배나 많은 판매를 만들어 냈다"고 이야기한다.

창조적 파괴Creative destruction에서 협력적 경쟁coopetition으로

스타트업은 조지프 슘페터Joseph Schumpeter가 이야기한 창조적 파괴Creative destruction의 대표적인 모델이다. 슘페터는 기술의 혁신innovation이 경제적 진보economic progress를 이끄는 주요한 힘이라고 정의하였고, 기업가entrepreneurs가 그러한 혁신을 이끄는 주체라고 주장했다.

과거 대기업은 이러한 창조적 파괴의 대표자인 스타트업에 대한 접근 방법으로 전통적인 투자 중심의 기업형 벤처캐피털CVC 전략을 통해 스타트업의 기술을 내재화하거나 지분을 인수하여 본인의 것들로 소유하고자 했다.

하지만 시대가 바뀜에 따라 야쿠보비치 와튼 교수는 다른 형태로의 대기업과 스타트업의 모델을 제안했다. 2016년 이후 글로벌 상위 500개 기업에 대한 스타트업에 대한 접근 방법을 분석한 연구한 결과를 토대로 4가지 형태의 STAR 모델을 정의했으며 이를 '협력적 경쟁coopetition모델'이라고 설명했다.

발레리 야쿠보비치Valery Yakubovich가 제안한
STAR Model

	Strategy (전략)	Team (구조)	Autonomy (자율성)	Reward (보상)	
기술 투자	• 새로운 기술 분석 및 유관 사례 분석 • 타깃 기술 & 산업군 발굴 • 기간: 장기3~7년	CVC 투자	독립적	확정적	다양한 포트폴리오 확보
생태계 창출	• 관련 산업군/생태계 참여 • 타깃 산업군 발굴 • 기간: 중기1~4년	Corporate 협업	상호 의존적	확정적	적정 수준의 매출 확보
파트너쉽	• 새로운 기술 도입 및 잠재고객 확보 • 타깃: 기술 & 산업군 • 기간: 분기	CVC & Corporate	상호 의존적	변동적	주요 기업 지분 확보
사내벤처/ 컴퍼니 빌딩	• 현안 문제 해결 • 타깃: 기술 & 산업군 • 기간: 분기	내부 수행	상호 의존적	확정적	기업 매출 증대

가. 기술확보 투자: ① 초기 단계 투자가 아닌 제품/시장 적합성이 검증기업에 투자, ② 본업과의 연계성을 위해 본업의 사업담당자 직접 참여, ③ 유망 산업군이 있지만 Biz모델이 불확실할 경우 학

습목적의 투자

나. 생태계 창출: ① 내부(프로세스 효율성 증대)와 외부(고객에게 보완적 서비스 제공)의 목적으로 운영, ② 대표적으로 삼성 NEXT의 AI 생태계 관련 기업 투자

다. 파트너쉽: ① 사업총괄 담당자가 기술연계성을 위해 직접 참여, ② 기업이 문제를 선별하고 스타트업이 이를 해결하지만 이 과정 전체에 대기업이 참여해야 함

라. 사내벤처/컴퍼니빌딩: ① 합리적 인센티브 구조 구성, ② 투자할 권리를 가지고 있으나 강제적 투자보다 외부 투자사 등을 활용해 자율성 추구

기존의 단순 투자CVC나 기술연구R&D 과정과는 달리, 파트너십과 생태계 창출을 통한 협력적 접근 방식을 강조했으며, 이에 기업들은 단순 재무적 수익보다는 스타트업과의 협업 시 사업 실무자/책임자 들을 실질적으로 연결시켜 본인들의 사업과 '전략적 정렬 **The decision should be based on the ultimate strategic goal**'에 중점을 두고 있다는 점이 중요하다고 이야기했다.

새로운 시대가 도래함에 따라 기업의 형태와 정의도 다양해지고 있다. 과거에 일반적으로 진행되어 왔던 단순 투자를 통한 스타트업의 접근의 방식이 아닌 투자와 더불어 생태계 창출, 파트너쉽, 컴

퍼니 빌딩 등 각 현안에 맞춰서 스타트업에 접근해야 할 것이다. 그리고 그 모든 행위들이 회사의 본업 또는 추진하고자 하는 사업 전략에 일치하고 있는지를 지속적으로 고민해야 할 것이다.

대기업들은 이제 로켓을 만드는 기업**스타트업**을 어떻게 견제할지를 고민하지 말고, 어떻게 우리의 제품**대기업**이 로켓에 들어갈 수 있게 만들지를 고민해야 할 것이다.

3-4
창업자의 삶은 어떠할까?

투자자

"책임감과 함께하는 창업자의 삶!"

흔히 창업자들은 투자자들이 창업자의 삶에 무관심하며, 그들의 희생을 당연하게 여긴다고 오해하는 경우가 많다. 이러한 인식은 절반은 맞고 절반은 틀리다. 투자자들 역시 인간이며, 많은 경우 과거 창업자였거나 창업 과정을 가까이서 지켜본 경험이 있기 때문에 창업자의 고충을 이해하고 있다.

창업자들의 책임감

투자자들이 투자 전후를 막론하고 창업자에게 가장 기대하는 것은 단 하나, 바로 책임감이다. 투자자들은 지분 보유가 곧 회사에 대한 책임감으로 이어진다고 생각하는 경향이 있다. 이러한 이유로 투자자들은 대표이사가 상당한 지분을 보유한 회사를 선호하며, 회사가 성장했을 때 가장 큰 수혜자가 되는 대표이사가 강한 책임감을 바탕으로 회사의 성공을 위해 전력을 다하기를 기대한다

나아가 투자자들은 창업자가 단순히 개인의 이익만을 추구하는 것이 아니라, 회사 구성원과 주주들의 이익을 함께 극대화하기를 바란다. 이는 단순한 금전적 이익을 넘어서, 회사의 비전과 가치관이 모든 이해관계자들에게 의미 있는 방향으로 실현되기를 바라는 마음을 포함한다.

책임감의 무게를 견디지 못하고 무너지는 창업자

실제로 투자자로서 다양한 대표들을 만나 보면 흥미로운 패턴이 발견된다. 대다수의 창업자들은 투자자의 기대대로 강한 책임감을 가지고 회사를 이끌어 나간다. 그러나 동시에 적지 않은 창업자들이 시간이 흐름에 따라 이러한 책임감과 초기의 열정을 잃어버리는

경우도 목격된다.

특히 이러한 변화는 몇 가지 특정한 상황에서 두드러지게 나타난다. 사업을 시작한 지 꽤 시간이 흘렀을 때, 사업이 어려움을 겪을 때 또는 역설적으로 대규모 투자금이 유입되어 회사가 급격히 성장할 때 등이다. 즉, 회사가 창업자의 예상과 다른 방향으로 흘러갈 때 또는 오히려 예상보다 훨씬 잘 되어갈 때조차도 초기의 열정을 잃어버리는 경우가 적지 않다. 이는 단순히 의지의 문제라기보다는 창업 과정에서 누적된 심리적 부담과 스트레스의 결과일 수 있다.

투자자들이 가장 경계하는 것은 방만 경영의 징후들이다. 예를 들어 투자 유치 자체를 업적으로 내세우며 본업보다 외부 강연에 치중하거나, 직원들은 고된 업무에 시달리는 동안 대표의 생활만 점점 호화로워지는 경우 또는 회사가 어려워질 것을 대비해 개인의 도피 계획을 준비하는 경우 등이다. 심지어 회사가 위기에 처해 직원들과 투자자들이 모두 고통받는 상황에서도, 개인적으로는 별다른 타격 없이 지내는 창업자들도 있다. 이러한 행태는 단기적으로는 개인에게 이득이 될 수 있을지 모르나, 장기적으로는 스타트업 생태계 전체에 부정적인 영향을 미치게 된다.

고통과 희생만이 성공의 조건은 아니다,

진정한 승자는 균형적인 창업자

그러나 이러한 부정적인 사례들이 창업자의 삶이 반드시 고난의 연속이어야 한다는 것을 의미하지는 않는다. 오히려 성공한 창업자들의 삶의 균형과 지속가능성에 대해 주목할 필요가 있다. 이들은 분명 가장 외로운 길을 걸으며, 누구보다도 절박한 마음으로 사업에 임한다. 그러나 이것이 곧 그들의 삶이 피폐해야 한다는 것을 의미하지는 않는다.

오히려 창업과 성공이라는 도전적인 여정 속에서, 회사의 지속적인 성장을 위해서는 창업자의 삶에도 적절한 여유가 필요하다. 창업자가 항상 시간과 자원에 쫓기는 상황이라면, 회사의 중요한 의사결정과 성장에 온전히 집중하기 어렵다는 것은 자명한 사실이다.

실제로 성공한 창업자들의 특징을 살펴보면, 이들은 회사를 책임감 있게 성장시키는 동시에 개인의 행복도 적절히 추구한다. 투자자들 역시 이러한 균형의 중요성을 잘 이해하고 있으며, 창업자가 회사의 성장과 개인의 행복이라는 2가지 목표를 모두 달성하기를 기대한다. 이는 단순한 이상이 아닌, 지속 가능한 성장을 위한 필수 요소이며 진정한 의미의 창업 성공을 정의하는 핵심이라 할 수 있다.

잘 되도 '불안', 안 되면 더 '불안'한 창업자의 삶

전설의 현악기 제작자 이탈리아의 안토니오 스트라디바리

출처: 위키미디어Wikimedia Commons, Public Domain

창업자의 건강에 가장 크게 영향을 미치는 부분은 어떤 것일까? 창업자의 삶에 가장 큰 영향을 미치는 것은 아마도 '불안감'일 것이다. "고객들이 반응을 하지 않으면 어쩌지?", "매출액이 갑자기 줄어들면 어떡하지?", "우수한 직원이 이탈하면 다른 직원을 구할 수 있을까?" 등등 심지어 사업이 잘되고 있고 매출이 증가하는 상황에서도 이런 상황이 변화될 수 있다는 사업에 대한 '불안감'을 늘 가지고 있다.

해커뉴스Hacker News 는 Y-Combinator가 2007년에 만든 커뮤니티 웹사이트로, Y-Combinator에서 투자한 창업자들이 주로 기술과 창업 관련 콘텐츠를 공유하고 이야기를 나누는 공간이다. 주로 Y-Combinator에 소속된 인원들이 작성하기에 초기 기업들의 이야기가 많으며, 페이지 자체가 광고나 외부 이미지가 없어 사용자들이 콘텐츠와 대화에 집중할 수 있도록 만들어 졌다. 그래서 20년 전 웹페이지와 유사하다.

이 공간에서 창업자들은 자신들의 이야기인 창업자의 삶에 대해서 이야기를 나누는 경우가 종종 있는데 이들 대부분은 정신적인 불안감에 대해서 이야기를 한다

* 해커뉴스: 창업자의 불안한 사유

① 예측하기 어려운 '들쭉날쭉한' 수입 흐름

② 창업자가 24시간 내내 대기하고 있다는 느낌이 들 때

③ 사업 프로젝트에 큰 돈을 투입하거나 변호사와 같은 값비싼 전문가를 고용할 수 밖에 없을 때

④ 자금력이 풍부한 경쟁회사가 나타나 공격적으로 채용을 시작하는 걸 볼 때

또 다른 이야기로는 심지어,

⑤ 비즈니스가 '잘' 운영되고 있어도(즉, 수익성이 높고 성장하고 있어도) 스트레스와 불안함을 가지고 있습니다. 항상 처리할 수 있는 것보다 더 많은 일이 생겨나고, 더 큰 경쟁자가 일을 망칠까 봐 항상 두렵고, 어느 날 갑자기 고객이 이탈할까 봐 항상 걱정하면서 지내게 됩니다.

샌프란시스코 대학교의 마이클 프리먼Michael A. Freeman이 조사한 창업자 관련 연구에 따르면 창업자의 약 49%가 정신 건강 문제를 겪으며, 그중에는 우울증, ADHD, 자살 충동 등의 사례가 포함된다고 한다. 문제는 이들이 쉽게 이 사실은 인지하지 못하고 괴로워하고 있다는 것이다. 2023년 7월 발간된 '스타트업 창업자 정신 건강 실태조사 보고서'에 따르면, 창업가 정신 건강 상태는 모든 지표에서 낙제점이다. 일반 성인 대비 우울, 불안, 자살의 유병률이 높다. 중간 수준 이상의 우울을 겪고 있는 사람은 88명인 32.5%으로 나타나 전국 성인 평균 18.1%보다 높고, 불안의 비율도 55명인 20.3%이어서 전국 성인 평균 8%를 훨씬 웃돈다. 창업자 10명 중 2명은 자살 위험성 고위험군에 속해 치료가 필요한 상황이다.

그렇다면 이런 불안감을 어떻게 극복하는 것이 좋을까?

정신건강 전문의나 주요 투자자, 창업자들이 이야기하는 주된 극복 방법은 '다른 대표들과의 교류의 장, 건강한 루틴 유지, 셀프 모니터링 + 조기 치료'이다.

심리학에서 자주 활용되는 방법으로 본인과 동질하거나 유사한 사람들에게 같이 겪는 고민을 이야기하거나 공유하는 것만으로 심리적인 불안감을 크게 줄일 수 있다고 이야기한다. DHP 창업자인 최윤섭 대표는 창업자들을 대상으로 멘털관리를 위해 슬랙이나 Zoom으로 서로의 상황을 공유하는 자리를 많이 만들고, 오프라인 모임을 통해 창업자들이 서로 고민을 자연스럽게 이야기하는 자리를 만든다고 말한다.

사업만큼 중요한 창업자의 멘털 관리

창업자들이 주로 이야기하는 멘털관리의 중요한 사항은 '운동'이다. 생각보다 고민이 있거나 불안할 때 술이나 다른 방법으로 스트레스를 해소하려고 하지만 건강만 악화되어서 결과가 안 좋은 경우가 많다. 오히려 아침 운동이나 수영을 통해 잡념을 줄이고 정신이 맑아지는 효과와 더불어 체력까지 좋아져 사업을 장기간 유지함에 도움이 되는 경우가 많다고 한다.

불안감이 높은 창업자의 경우 본인의 정신적 불안함을 더욱 숨기고 외부와 차단하여 동굴에 들어간다고 한다. 이런 상황에 놓이지 않게 오히려 본인 스스로가 현재 불안감이나 정신건강이 어느 수준인지를 늘 확인하고 미리 치료하는 게 도움이 된다. 감기가 심하기 전에 간단한 감기약으로 치료하는 것처럼 창업자의 불안감이 정신질병으로 확대되지 않도록 조기에 치료하는 것이 큰 도움이 된다.

활을 잠시 풀어 보자

바이올리니스트들이 연주를 마치고 나면 바이올린 줄을 전부 다 풀어낸다고 한다. 그리고 다음 연습 전에 오랜 시간을 들여서 줄을 다시 튜닝한다고 한다. 쉽게 생각해 보면 '줄을 풀지 않고 그대로 두고 다음날 조금만 튜닝해서 쓰면 되지 않나?'라고 생각할 수 있다. 하지만 그런 경우 줄이 조금씩 늘어나게 되고 다시 튜닝을 위해 조금씩 기존의 줄을 당기게 되고 그걸 반복하면 튜닝은 빨리 되겠지만 줄이 금방 끊어지게 된다고 한다.

바짝 당겨진 바이올린 줄을 잠깐 풀어 두는 것처럼 사람도 잠시 잠깐 풀어지는 때가 있어야 한다. 창업자들도 항상 긴장한 상태로 팽팽한 줄을 유지한다면 다른 줄보다 빠르게 끊어질 수 있다. 줄을 전부 풀기를 두려워하지 말자, 창업자들이 줄을 전부 풀어놓는 것만으로 더 뛰어난 창업이라는 곡을 연주할 수 있을 것이다.

창업자

"창업자의 '왜(Why)'가 분명할 때,
10년의 고독도 견딜 수 있다."

많은 창업자들이 '사업의 성공이 곧 가족의 행복'이라는 환상을 가지고 창업을 시작한다. 하지만 현실은 이와 정반대인 경우가 많다. 창업은 오히려 가족과의 시간을 희생하고, 대부분의 시간과 에너지를 사업에 쏟아부어야 하는 고독한 여정이 된다.

특히 창업 초기에는 이러한 희생이 더욱 극심해진다. 경제적인 어려움은 물론이고, 사회적 관계마저 단절되는 고립감을 겪게 되는 경우가 많다. 주말이나 휴일도 없이 사업에 매진해야 하는 상황이 반복되면서, 가족과의 관계도 점차 소원해질 수 있다.

더욱 냉정한 현실은 이러한 고독하고 힘든 여정이 단기간으로 끝나지 않는다는 점이다. 창업자가 꿈꾸는 '성공'에 도달하기까지는 최소 10년 이상의 시간이 필요하며, 그 기간 동안 이러한 고립된 삶을 지속적으로 감내해야 한다는 것이다.

왜 나는 창업을 했는가?

창업의 성공은 단순한 노력만으로는 보장되지 않는다. 때로는 아무리 열심히 해도 원하는 결과를 얻지 못하는 순간이 찾아오며, 성공의 순간까지 묵묵히 버텨내야 하는 시간이 필요하다. 이때 가장 중요한 것은 창업자의 '끈기'다. 이는 개인의 능력이나 스킬보다도 더 중요한 요소이며, 창업자만이 가질 수 있는 특별한 자질이라고 할 수 있다.

이러한 끈기의 원동력은 창업자가 지닌 '이유Why'에서 비롯된다. 특정 집단의 문제를 해결하겠다는 사명감이나, 본인이 직접 겪은 삶의 어려움을 해결하고자 하는 강한 동기가 그것이다. 이런 근본적인 이유가 있을 때, 창업자는 어떠한 어려움 속에서도 포기하지 않는 강한 끈기를 발휘할 수 있다.

더 나아가, 이러한 '이유'는 반드시 회사의 '비전과 목표'로 승화되어 팀원들과 공유되어야 한다. 창업자 혼자만의 끈기로는 한계가 있기 때문이다. 전체 팀원이 같은 비전을 공유하고 그 가치를 이해할 때, 개인의 끈기는 조직의 지속가능한 추진력으로 발전할 수 있다.

창업자의 삶: 토스 이승건 대표 강연 자료

아래 내용은 토스 이승건 대표가 정주영창업경진대회 연사로 이야기한 내용 중 일부 사항으로, 창업자로 살게 됨으로써 변하는 삶에 대해 이야기한 것이다.

앞으로 당신의 삶은,

- 당신의 스타트업이 당신의 가족보다 중요해진다.
- 자식들에게 굿나잇 키스를 할 수 없게 될 것이고,
- 당신은 좋은 직장 또는 차를 포기해야 할 것이다.
- 친구들은 당신을 이해하지 못하게 될 것이며,
- 사람들은 당신이 인생에서 길을 잃고 방황한다고 생각할 것이다.
- 당신은 팀원들의 월급을 줄 수 없는 시기가 올 것이며,
- 그리고 누군가는 당신을 고소할 것이다. 무조건 분명히.
- 당신은 자주 굶을 것이고, 월세를 못 낼 그 날을 걱정, 버티고 보게 될 것이다.
- 일을 할수록 스스로에 대한 의구심이 커지고, 결국 자신이 이 일에 적합한 사람이 아니라고 생각하게 될 것이다.
- 팀원들은 지속적으로 당신을 실망시키지만, 그럼에도 불구하고 당신은 그들을 애정해야만 할 것이다.
- 회사에 해악을 끼치는 직원일지라도, 그들에게 잘 보이기 위

3

해 웃음을 지어 보여야 할 것이다.

  가장 현실적이고, 직설적이며 가감이 전혀 없는 주변의 창업자
들의 삶과 많은 부분이 일치한다.

  하지만 반대로 창업자들과 이야기를 나누다 보면, 앞서 언급한
고단한 삶과는 또 다른 모습의 창업자들도 만나게 된다. 가족과 함
께하는 시간을 잘 조율하면서도 사업을 성공적으로 이끌어가는 창
업자, 자신만의 방식으로 일과 삶의 균형을 찾아낸 창업자, 오히려
직장 생활보다 더 자유롭고 풍요로운 삶을 사는 창업자들도 있다.

  이에 위의 내용을 다소 바꿔서 창업자의 삶을 이야기 해 본다면.

또한 당신의 삶은,

- 당신의 스타트업이 당신에게 새로운 삶의 방식을 알려줄 것이
  다.
- 자녀들과 보내는 시간은 줄지만, 그 시간의 질은 더욱 소중해
  질 것이고,
- 당신은 직장의 안정 대신 자유로운 삶의 선택의 기회를 얻게
  될 것이다.
- 진짜 친구가 누구인지 알게 될 것이며,
- 사람들은 당신의 변화된 모습에 놀라워할 것이다.
- 당신은 팀원들과 같은 배를 탄 동료가 되어 희로애락을 함께

하게 될 것이며,

- 그리고 누군가는 당신의 도전을 통해 용기를 얻을 것이다. 분명히.

- 당신은 돈의 가치보다 더 중요한 것들을 배우게 될 것이고, 작은 성과에도 큰 기쁨을 느끼게 될 것이다.

- 매일매일이 새로운 배움의 연속이고, 결국 이전의 당신보다 더 단단해질 것이다.

- 팀원들과 함께 실패하고 성공하면서, 진정한 팀의 의미를 이해하게 될 것이다.

- 힘든 순간에도 함께 웃을 수 있는 동료들이 생기게 될 것이다.

직장인과 창업자의 삶은 어느 한쪽이 더 나은 선택이라고 단정지을 수 없다. 각자가 추구하는 삶의 가치와 목표가 다르기 때문이다.

창업자의 삶이 더 도전적이고 성공 시 큰 보상을 얻을 수 있다고 해서 더 가치 있는 것도 아니며, 직장인의 삶이 안정적이고 체계적이라고 해서 덜 가치 있는 것도 아니다. 이는 단순히 각자가 선택한 다른 형태의 삶의 방식일 뿐이다.

따라서 창업자와 직장인이 서로를 폄하하거나 우열을 가리는 것은 무의미하다. 중요한 것은 각자가 선택한 길에서 자신만의 가치를 실현하고 만족스러운 삶을 살아가는 것이다.

기존 사업이 어려워진다면, 빠르게 방향을 바꾸는 게 나을까?

투자자

"피벗의 목적이 중요하다."

기업 투자 과정에서 기존 투자기업들의 피벗 시도나 관련 논의는 빈번하게 발생한다. 이러한 상황에서 투자자들은 단순히 찬성이나 반대의 입장을 취하기보다는, 피벗의 필요성과 타당성에 초점을 맞추어 검토하게 된다.

많은 창업자들은 피벗 관련 사항을 기존 주주인 투자자나 투자심사역에게만 안내하면 충분하다고 생각하는 경향이 있다. 그러나 실제로 투자자들도 이러한 상황이 발생했을 때 자신들의 이해관계자들과 공유하고 의견을 수렴해야 하는 복잡한 과정을 거쳐야 한다. 투자자들은 특히 두 가지 핵심적인 사항을 검토해야 한다.

첫째, 피벗 후의 사업 방향이 기존 투자 펀드의 목적과 일치하는지 여부. 둘째, 새로운 사업 방향이 당초 투자 논리와 얼마나 부합하는지를 재확인해야 한다.

부분적 피벗, 전체적 피벗

이러한 맥락에서 피벗의 유형과 그 특성을 구체적으로 살펴볼 필요가 있다. 피벗은 크게 사업의 부분적 변화와 산업 전반의 전체적 변화로 구분할 수 있다. 부분적 피벗의 경우, B2C 기업이 B2B 영역으로 주요 고객층을 전환하거나, 서비스 기업이 해당 제품을 솔루션화하여 SI 기업으로 변모하는 등의 변화를 의미한다. 이러한 유형의 피벗은 기업의 핵심 역량을 유지하면서 단순히 수요 대상만 변화시키는 것이므로, 대부분의 이해관계자들로부터 긍정적인 평가를 받는다.

반면, 전체적 변화를 수반하는 피벗의 경우는 보다 신중한 검토가 필요하다. 예를 들어, 의류업체가 갑자기 핸드폰 케이스 판매 기업으로 전환하고자 할 때, 투자자들은 기본적인 의구심을 가질 수밖에 없다. 이는 초기 투자 결정 시 고려했던 의류업에서의 경쟁우위 요소가 핸드폰 케이스 사업에서는 전혀 다른 의미를 가질 수 있기 때문이다. 물론 이런 완전한 전환에도 불구하고, 두 산업을 관통하는 공통된 핵심 역량을 발굴하여 성공하는 사례도 적지 않게 존재한다.

기업의 지속가능성 확보 차원에서 안정적인 수익원Cash Cow이 될 만한 사업을 발굴하고 추진하는 것은 적절한 전략이 될 수 있다. 더욱이 이를 통해 창출된 자원을 본연의 핵심 사업에 재투자하여 경쟁우위를 유지하는 것은 매우 긍정적으로 평가받을 수 있다. 그러나 일부 기업들이 초기 사업의 본질적 가치와 목적을 망각한 채 단순 생존에만 집중하는 좀비기업으로 전락하는 경우, 이는 당초 투자자들의 투자 논리와 완전히 배치되는 결과를 초래하게 된다.

피벗의 고통 이후 새로운 전환점

이러한 상황에서 때로는 더 과감한 결단이 필요할 수 있다. 투자자와 창업자 모두에게 있어 사업의 청산이나 폐업은 극도로 고통스러운 경험이며, 커리어 측면에서도 상당한 손실임이 분명하다. 그러나 역설적이게도 이러한 폐업 결정이 때로는 창업자 개인의 삶을 더 올바른 방향으로 이끄는 전환점이 될 수 있다.

현실에서 우리는 종종 창업 초기의 비전과 목적을 잃어버린 채,

단순히 회사의 생존만을 위해 동분서주하는 창업자들을 목격하게 된다. 이들은 자신의 전문성이나 핵심 역량과는 전혀 무관한 영역에서 사업을 이어가려 발버둥 치고 있다. 더욱 안타까운 것은 이러한 과정에서 창출된 제한된 자원마저도 불확실한 비전을 가진 사업의 인건비로 소진되고 있다는 점이다.

이처럼 창업자가 본인의 전문성과 동떨어진 영역에서 단순 생존을 위해 고군분투하는 모습은 보는 이의 마음을 무겁게 한다. 따라서 목적이 불분명한 피벗이나 방향성 없는 사업 전환은 차라리 하지 않는 편이 낫다. 때로는 현실을 직시하고 과감하게 폐업을 선택하는 것이, 창업자 자신과 관련된 모든 이해관계자들을 위한 더 현명한 결정일 수 있다.

열심히 만든 제품/서비스가 반응이 없다면
창업자는 무얼 해야 할까?

제품이나 서비스를 만든 스타트업의 입장에서 가장 힘든 상황은 고객의 반응이 없다는 점일 것이다. 그럴 때마다 스타트업들을 새로운 서비스를 만들어야 하나? 제품을 바꿔야 하나? 라는 사업의 전환피벗의 갈등에 놓이게 된다.

스타트업이 만들고자 하는 제품이나 서비스가 초기 고객을 찾지 못하고 있을 때 또는 제품의 사업 지표가 정체에 이르렀을 때 창업자들은 어떤 행동을 해야 할까?

Talk to your Customers

첫 번째, 고객과 이야기해 보자(가짜로 인터뷰하지 말고 진짜로)

와이컴비네이터 창업자의 폴 그레이엄이 수많은 스타트업에게 하는 충고 중의 절반은 "고객과 이야기하라"일 정도로 스타트업에게 고객은 정말 정말 중요한 존재이다. 하지만 지금 창업자라면 가슴에 손을 얹고 이야기해 보자. 최근 한 달간 10명의 고객과 이야기를 나눈 경험이 있는가?

사업의 지표가 성장하지 않거나, 고객의 반응이 없는 제품을 만들고 있는 창업자라면 지금 당장 해야 할 일은 "본인의 제품/서비스를 쓰고 있는 또는 쓸 가능성이 있는 잠재 고객 10명과 이야기를 하는 것"이다. "이미 이번 주에도 고객 한두 명과 이야기해 봤다"라고 할 수 있다. 그러나 그 인터뷰 대상 고객이 내 사업에 행복회로로 무장

Tomer London
@tomerlondon

Want product-market-fit?
Talk with customers

Want better GTM?
Talk with customers

Want better design?
Talk with customers

Want to understand competitors?
Talk with customers

Want to see the bigger picture?
Talk with customers

Want to get the nuances?
Talk with... twitter.com/i/web/status/1...

*원문 참조

된 가족/친구/지인이 아닌 진짜 나와 관련이 없는 고객 10명을 선정해서 다시 이야기를 해보자.

고객에 대한 중요성은 이미 너무 많은 선배 창업자들이 이야기했다.

Gusto의 창업자이자 CTO인 토머 런던Tomer London은 이렇게 말한다.

"PM을 찾는가? 고객이랑 이야기해라."

"더 나은 GTM 전략을 찾는가? 고객이랑 이야기해라."

"더 나은 디자인을 원하는가? 고객이랑 이야기해라."

"경쟁사를 이해하고 싶은가? 고객이랑 이야기해라."

"좀 더 큰 그림을 그리고 싶은가? 고객이랑 이야기해라."

Y Com의 파트너인 폴 그레이엄은 스타트업이 망하는 이유에 대해서 이렇게 말한다.

Paul Graham
@paulg

Half the advice I give to startups is
some form of "talk to your customers."

스타트업들이 망하는 이유를 자세히 분석해 보면, 사실 굉장히 간단하다. "고객과 이야기하지 않는다는 것"이다. 이 말은 해당 기업이 PMF를 찾지 않았다는 뜻이고 만약 PMF도 찾지 않은 상태의 스타트업이라면 다른 문제들은(개발, 디자인, 마케팅 등)은 문제가 아니다. 이게 가장 많은 창업자

3

들이 하는 실수이다. Y-Combinator의 주요한 메시지는 "고객이 원하는 걸 만들어라"이다. 이 말은 여전히 유효하며 앞으로도 계속 유효할 것이다.

고객의 Pain과 Pull을 찾자

그렇다면 인터뷰를 통해서 어떤 것을 얻을 것인가? 창업자는 인터뷰를 통해 고객이 느끼는 Pain**불편함**이 무엇인지 지속적으로 물었고, 사용 빈도나 고객 반응/리액션으로 우리의 제품이 고객에게 얼마나 많은 Pull**만족감**을 주는지를 확인해야 한다.

여기서 Pain은 고객 주변에서 발생하는 '불편함'들을 이야기하는 것으로, 이를 통해 창업자들은 고객의 '불편함'을 인지함으로써 '새로운 기회'를 포착할 수 있게 된다. 이는 제품에 추가적인 서비스 확대나 개발에 활용될 수 있다.

폴 그레이엄은 고객이 서비스에 대해서 만족감과 애정을 보이는지를 확인하는 것으로, 제품의 UX/UI가 불편하고 심지어 프로토타입일지라도 고객들이 긍정적인 후기와 제품의 애정을 보여준다면 해당 제품/서비스가 PMF와 일치하고 있다고 이야기할 수 있다. 참고로 고객의 Pull 반응을 계량적으로 확인하기 가장 좋은 지표는 '서비스의 사용 빈도'일 것이다.

성공한 창업자들이 하루아침에 번득이는 아이디어로 제품/서비스를 만든 것이 아니다. 이상한 제품을 만들었더라도 고객과의 이야기, 고객의 수요, 시장의 니즈를 끊임없이 찾아 나아가며 제품을 만든 것이다. 지금 지표나 PMF를 찾는 창업자들이라면 속상할 필요가 전혀 없다. 이전에 성공적인 제품을 만든 창업자들 역시 괴로워했던 사항들이며, 그들이 잘 헤쳐 나갔던 것처럼 당신도 분명히 잘 해낼 수 있을 것이다.

당장 이번 주에 최소한 10명의 고객을 만나러 나가자.

두 번째, 타깃 고객을 좁고, 깊게 바꿔보자.

고객 인터뷰를 통해 제품의 만족도가 높다는 것을 확인했다면 이젠 타깃을 전혀 새로운 고객층으로 바꿔 보자. 여기서 주의할 점은 변경하는 고객층은 기존 고객이 아닌 '전혀 다른 영역'이어야 하며 이 고객에게 '좁고, 깊게' 접근하는 것이다. 실제로도 성장한 기업들의 대부분은 초기에 정의 내린 고객과 현재 사업하는 고객층은 전혀 다르다는 걸 확인할 수 있다.

초기 가설의 고객과 전혀 달랐던 진짜 고객들

핀더레스트Pinterest는 처음에 개발자들을 대상으로 서비스를 기획했으나 우연히 30대 여성 블로거들이 반응함에 따라 여성들이 주 고객이 됐다.

리툴Retool은 주니어나 실제 개발자를 위한 서비스를 만들었다고 생각했으나, 실제론 CTO들이 더 필요로 했다.

Initial ICPs

Company	Attribute 1	Attribute 2	Attribute 3
GONG	Software company selling in English	selling via video conferencing	selling software that costs $1,000-$100,000
Linear	2-5-person startup	using GitHub and Google Auth	at a founder-driven product company
Figma	Mid-stage software company	with in-house designers	that place a premium on design
ramp	Series A/B	finance teams who want less waste and more predictability	spending $250k-$2m/month
snyk	Early-stage tech startup	security-conscious web developer	within the Node.js community
Retool	Fast-growing startup	CTO or VP of Engineering	company that's operationally heavy
gusto	Company with <5 employees	in California	who have no contractors
HEX	A startup using a data warehouse	analyst or data scientist	already using dbt
Vanta	B2B SaaS startup	with 20-60 people	going through compliance for the first time
segment	Small early-stage startup	with at least one engineer	who have strong opinions about analytics
STYTCH	Early-stage tech startup	EM, senior IC eng, or CTO	who need to build authentication today
Sprig	Startup with millions of users	product manager or user researcher	looking for customer insights
loom	Junior person within	marketing, product, or design	communicating with external stakeholders
Canva	Freelance/SMB	social-media managers	posting on Instagram and Pinterest
looker	Startups with 50-400 employees	technical data teams	starting to adopt cloud with a large data set and eng-led data team

도어대쉬DoorDash는 지금처럼 미국 전역의 모든 도시에 대한 배달 대행이 아닌 작은 도시의 개인 레스토랑만을 그 목적으로 했다.

스티치Stytch는 마케팅 팀Growth team을 주요 타깃으로 삼았다가 개발자들이 오히려 주 고객이 됐다.

넷플릭스도 DVD 매니아들을 겨냥했고, 인스타그램은 인기 있는 디자이너들을, 스냅챗은 오렌지 카운티 고등학생들을 초기 타깃으로 삼았다. 하지만 이들 모두 초기 고객층과는 전혀 다른 고객들에게 예상치 못한 반응을 얻었다.

이는 제품-시장 적합성Product-Market Fit을 찾는 과정이 얼마나 예측 불가능한지를 보여준다. 창업자는 시장 조사와 가설 설정도 중요하지만, 그에 못지않게 실제 사용자의 반응을 면밀히 살펴봐야 하며, 초기 고객층에 지나치게 집착하지 말아야 한다. 때로는 의도치 않은 고객층에서 큰 기회가 열릴 수 있다.

Why '좁고, 깊게'인가?

전혀 다른 영역의 고객층을 설정할 때는 정말 심각할 정도로 좁고, 깊게 설정하는 것이 좋다. 그렇게 해야만 그 고객층에게 '필요한' 서비스가 아니라 '사랑받는' 서비스를 만들 수 있기 때문이다. 넓은 범위로 고객층을 설정하게 되면, 다양한 변수와 고객 상태를 고려하여 '좁은' 한 명의 고객이 아닌 '넓은' 다수를 위한 서비스 바뀌게 되고 결국 기존에 서비스들과 차이가 나지 않는 있으나 마

3

나 한 제품으로 남게 된다.

하지만 '좁은' 고객을 위해 사랑받는 서비스가 된다면 해당 제품은 고객의 삶에서 쉽게 사라질 수가 없다. 또한 제품이 본인을 위해 만들어진 것처럼 느껴진다면 해당 고객들은 더 쉽게 흥미를 느끼게 되며 비슷한 고객들에게 빠르게 전파가 되기도 한다.

틴더Tinder는 캘리포니아 남부 대학교의 파티를 즐기는 대학생들을 대상으로 시작했으며(하나의 장소), 왓츠앱WhatsApp은 미국 산호세의 러시아 이민자들을 대상으로 시작했다(한 곳의 지역). 디스코드Discord는 파이널판타지 XIV를 플레이하는 PC 게이머들을 대상으로 시작했으며(한 개의 커뮤니티), 인스타그램Instagram은 트위터에서 활동하는 사진에 관심이 많은 디자이너들을 대상으로 시작했다(하나의 직업).

이렇게 '좁고, 깊은' 타깃층에게 '사랑받는' 제품을 만들었다면 우리의 초기의 고객들이 J커브의 '플라이 휠'을 돌려주게 된다. 30년 전에 작성되어 이제는 유명해진 제프리 무어Geoffrey A. Moore의 '캐즘Crossing the Chasm' 이론에 따르면, 대부분의 사람들은 얼리어답터가 아니며 그들은 다른 누군가가 새 제품에 시간/돈을 투자할 가치가 있다고 말해 주기를 기다린다. 즉 새로운 제품/서비스의 '사회적 증명'을 원하는 것이다. 이 상황에서 캐즘이 발생하게 되어 많은 서비스/제품들이 이를 넘지 못하고 사라지게 된다.

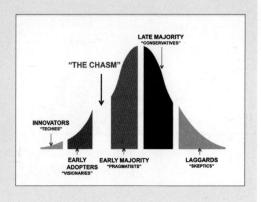

 하지만 우리가 잘 만들어 놓은 '좁고, 깊은 고객'들이 먼저 제품을 사용하고 다른 사람들에게 본인들의 '사랑스러운 경험'을 이야기 시작하며 이 험난한 '캐즘'을 넘게 되는 것이다. 이후에 일반인들에게도 제품의 확대가 시작되어 그토록 원하던 J커브를 그릴 수 있게 된다.

 "불을 붙이기 전까지는 작은 열기를 퍼트리면 안된다Until I get the fire started somewhere, I shouldn't try to spread my heat"

 스타트업은 성공이라는 커다란 불길을 일으키고 싶어 한다. 그런데 작은 성냥 하나밖에 없다면 어떻게 불길을 일으킬 수 있을 것인가? 큰 장작 밑에 성냥을 갖다 대는 것으로 불길을 만들 수 없다. 종이 몇 장, 아주 작은 먼지라도 모아 작은 나뭇가지 밑에 놓고, 그 밑에 성냥을 대서 종이 한쪽 끝에서 불을 붙여야 한다. 그 종잇조각에서 시작한 작은 불이 분명히 큰 불길을 만들어 줄 것이다.

창업자

"오래 살아남는 놈이 강한 놈이다.
생존하자! 바퀴벌레처럼!"

사업을 진행하는 과정에서 창업자들은 필연적으로 사업의 본질과 방향성에 대한 깊은 고민을 하게 된다. 특히 시장의 반응이나 환경 변화에 따라 기존 사업 모델의 지속 가능성에 의문이 들 때, 많은 창업자들은 피벗을 선택한다.

이러한 피벗은 초기 스타트업에만 국한되지 않는다. A라운드까지 투자를 유치한 성장 단계의 기업들도 필요에 따라 사업 방향을 전환하는 경우가 많다. 이는 결코 실패를 의미하는 것이 아니라, 오히려 기업의 생존과 성장을 위한 전략적 선택이라고 볼 수 있다.

개인적으로도 기업의 영속성을 위한 피벗은 긍정적으로 평가한다. 창업자가 시장의 변화를 민감하게 감지하고, 과감하게 방향을 전환할 수 있는 결단력을 가진다는 것은 오히려 훌륭한 기업가 정신의 표현이기 때문이다.

사업 방향의 전환, 즉 피벗을 선택하는 것은 결코 쉽지 않은 결정이다. 대표자 입장에서는 자신이 세웠던 가설이 틀렸음을 인정해야 하는 상황이기에, 이는 종종 개인의 무능력으로 해석될 수 있다. 투자자들에게는 당초의 투자 논리와 어긋나는 내용을, 조직 구성원들에게는 처음 제시했던 비전과 다른 방향을 이야기해야 하는 부담이 있기 때문이다.

하지만 사업은 개인의 자존심이나 타인의 시선을 위해 하는 것이 아니라, 기업의 생존과 지속 가능성에 초점을 맞춰야 한다. 주변에서는 쉽게 피벗 대신 폐업을 권하기도 하지만, 창업자에게 있어 폐업은 단순한 정리가 아닌 엄청난 정신적 고통을 수반하는 과정이다. 이는 마치 의사가 타인에게는 쉽게 불치병을 통보하지만, 자신이나 가족의 경우에는 극도의 고통을 느끼는 것과 같다.

따라서 개인적으로는 쉽게 폐업을 선택하기보다, 끈질기게 사업을 지속할 방법을 찾고 자본과 자원을 축적하여 기업의 생존을 도모하는 것이 바람직하다고 본다. 설령 그 과정에서 좀비 기업이라는 오명을 듣게 되더라도 말이다.

이런 맥락에서 모든 예비 창업자들이 한 가지 사실을 명심했으면 한다. 사업은 시작하기보다 끝내기가 훨씬 더 어렵다는 것이다. '쉽게 창업했다가 안 되면 접지 뭐'라는 가벼운 마음가짐보다는, 한번

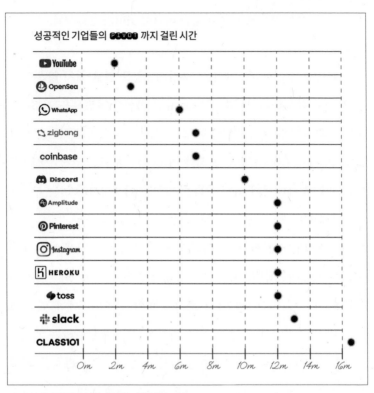

각 성공한 기업들이 피벗에 걸린 시간 해외 사례

출처: 구글에 안 나오는 스타트업 인사이트

시작한 사업을 영속적으로 이어가겠다는 각오로 임하는 것이 필요하다. 유명한 창업 서적에서 이야기하듯, 바퀴벌레처럼 끝까지 생존하겠다는 의지가 필요한 것이다

피벗을 해야 할 때 생각할 요소

실제 스타트업의 성공 사례를 보면, 초기 사업 모델에서 실제 성공 모델로 피벗하기까지 평균적으로 9~10개월이 소요된다. 그래서 만약에 꼭 피벗을 해야 한다면,

첫째, 초기에는 피벗하는 사업 가설이 옳다는 확신을 가지고 모든 자원과 역량을 집중해야 한다. 이는 단순히 '한번 해보는' 차원이 아니라, 본인의 가설을 입증하기 위한 전력 질주의 과정이다.

둘째, 충분한 시도와 검증 끝에 해당 사업 모델이 시장에서 통하지 않는다고 판단되면, 그때는 과감하게 다른 형태로의 전환을 결정해야 한다. 이는 실패가 아닌, 성공을 향한 진화의 과정으로 봐야 한다.

결국 성공적인 피벗은 '충분한 노력과 검증' 그리고 '적절한 시점의 결단'이라는 2가지 요소가 균형을 이룰 때 가능한 것이다.

그렇다면 어떤 신호가 왔을 때 피벗을 해야 할까?

와이컴비네이터Y-com의 파트너인 달턴 콜드웰Dalton Caldwell은 몇 가지 로직을 통해 회사가 피벗을 해야 하는 신호를 인지할 수 있다고 한다. 창업자의 입장에서 피벗을 해야 하는 상황일 때 주로 듣는

이야기는 다음과 같다.

　① 주변에 사업모델을 소개하거나 아이템을 사용해 보라고 했을 때 다들 긍정적이지만 돈을 내라고 했을 때 아무도 사용하지 않을 때

　② 심지어 일부 돈을 내고 쓰는 사용자가 있긴 하지만 그들이 내 주변의 관계인**친척, 친구, 동료 스타트업**이고 지표상 반복적으로 사용하지 않을 때

　③ 투자자들이 내가 하는 사업이 의미 있은 일이라고 하지만 다양한 핑계로 투자를 하지 않을 때

이럴 때는 본인의 사업모델이 진짜 돈을 벌 수 있는 사업인가를 잘 생각해 봐야 한다.

위 이야기를 반대로 이야기하면 성공적인 사업 모델로 정의할 수 있다.

　① 소개하지 않았는데도 스스로 주변의 추천으로 들어와 유료 서비스를 이용하는 고객이 있을 때

　② 내 주변에서 해당서비스를 사용하기를 원하고 심지어 돈을 내고 쓰면서 서비스/아이템의 사용빈도가 높을 때

　③ 투자자들이 의미 있는 일이라는 포장 멘트보다 돈을 벌 수 있다

본인의 사업모델이 적절하게 운영되고 있다고 이야기할 수 있다.

창업은 단순한 사업의 시작이 아닌, 끊임없는 생존과 적응의 여정이다. 시장의 변화와 고객의 반응에 따라 때로는 과감한 피벗이 필요하며, 이는 실패가 아닌 성장을 위한 자연스러운 과정이다. 중요한 것은 이러한 변화를 두려워하지 않되, 시장의 명확한 신호들을 냉철하게 판단하여 적절한 시기에 올바른 결정을 내리는 것이다. 창업자에게 가장 필요한 덕목은 바로 이러한 균형 잡힌 시각과 함께, 어떠한 어려움 속에서도 끝까지 생존하려는 바퀴벌레와 같은 끈질긴 의지다.

결국 성공하는 창업자는 포기하지 않는 자가 아니라, 현명하게 변화하면서도 끝까지 살아남는 자인 것이다.

계약 그리고 성장

투자자의 시각

투자 계약서의 각종 조항들은 회사와 모든 이해관계자들을 보호하기 위한 최소한의 안전장치입니다. 따라서 가능한 많은 정보를 수집하여 투자계약서 작성에 임해야 합니다.

대기업과의 협력은 신중하게 접근해야 하며, 특히 기술 유출이나 사업 모델 복제의 위험을 항상 경계해야 합니다. 시장 상황의 변화에 따른 피벗은 때로는 불가피한 선택이 될 수 있으며, 이는 실패가 아닌 새로운 기회가 될 수 있습니다. 하지만 사업을 시작한 목적이 무엇인지를 꼭 한번 생각해 보세요.

창업자의 시각

투자 계약서의 까다로운 조항들은 창업자의 경영권을 위협하고 자유로운 의사결정을 제한하는 족쇄가 됩니다. 늘 독소조항이 숨어 있지 않은지 지루하더라도 끊임없이 계약서를 검토해야 합니다.

대기업과의 협력은 시장 확대와 성장을 위한 필수적인 과정이며, 이를 지나치게 경계할 필요는 없습니다. 또한 성공하는 창업자는 '포기하지 않는 자'가 아니라, 현명하게 사업을 피벗하고 변화하면서도 끝까지 '시장에서 살아남는 자'일 것입니다.

투자자의 사후관리

투자자는 사후관리를 어떻게 할까?

: 대화를 많이 해라

투자를 한번도 받아보지 않은 창업자들이 가장 우려하기도 하고 무서워하기도 하는 것이 투자자가 투자 이후에 회사를 엄청나게 감시하며 자신을 괴롭힐까 하는 것이다. 실제로 개인 경험상 창업자가 100% 지분을 가지고 있는 회사일수록 '첫 투자'를 받는 것에 대해 굉장히 보수적이다. 그렇다면 투자자는 투자 이후 사후관리를 어떻게 할까?

먼저 가장 명심해야 할 것은 투자계약서에 도장을 찍는 순간 투자자와 창업자는 한배를 타게 된다는 점이다. 같은 배를 타게 된 사람이 선장인 창업자를 괴롭히는 것은 상식적으로 말이 안된다. 실제로 창업자를 괴롭히는 투자자는 잘 없다. 그러나 그렇다고 투자자가 돈만 넣고 "목적지까지 알아서 잘 부탁드립니다" 하는 식의 투자자도 잘 없다. 투자자는 끊임없이 대표와 함께 사업에 대해서 고민하는 동반자이고 싶어 한다. 당연히 사업은 창업자가 가장 잘 알겠지만, 분명히 창업자가 보지 못하는 부분을 투자자는 채우고 싶어 한다.

투자자의 역할은 창업자가 수많은 의사결정을 내릴 때 '이렇게 합시다'라고 창업자를 이끌고 나가는 엑셀이 아니라, 창업자에게 '당신이 보지 못한 이러한 리스크 포인트가 있습니다'를 이야기하는 브레이크에 가깝다. 이를 위해선 투자자는 투자 이후 회사가 어떻게 나아가고 있는지 정확하게 알아야 하고, 회사의 내용을 정확히 표현해 줄 수 있는 '보고 자료'를 요청한다.

일반적으로 투자사마다 다르지만, 투자자는 기본적으로 분기 보고 자료를 요청한다. 이는 투자자가 일반적으로 LP들에게 분/반기 보고를 하기 때문이기도 하고, 투자사 내부에서도 보통 분/반기로 투자 포트폴리오들의 사후관리 회의를 진행하기 때문이다. 이러한 분기 보고 자료에는 회사의 사업 상황, 재무, 인사, 차입금, 주주 등의 변동 내용이 포함된다. 보통은 투자 검토를 할 때 KPI 등은 설정이 되어 있기 때문에 투자 검토 시 제공했던 자료 수준으로 제공한다고 이해하면 된다.

투자사별로 분기보고가 아닌 월간보고를 선호하기도 한다. 여기에는 매월 회사가 드라마틱하게 변화하진 않겠지만, 창업자 또는 회사가 월간으로 회사의 내용을 정리하면서 회사에 대해 더 잘 파악하게 하는 목적도 있다.

이러한 정기보고 이외에 사업의 주요 의사결정을 할 때, 동의요청도 있다. 한번에 큰돈을 지출한다든지, 어떤 회사를 M&A를 한다든지, 반대로 회사의 주요자산을 매각한다든지, 스톡옵션을 발행한다든지 동의 요청 사항은 생각보다 많고, 이는 보통 계약서에 다 나와 있다. 동의 요청사항들은 창업자 입장에선 깐깐하다고 생각할수 있으나, 투자자 입장에서 동의사항들은 가장 기본적인 내용이며, 리스크가 발생할 수 있는 최소한의 포인트라고 생각한다. 그래서 창업자와 투자자가 갈등이 많이 발생하는 부분이기도 하다.

창업자들이 투자 이후에도 투자자를 어려워하는 경우가 많다. 사업이 예상대로 되지 않아 투자자 볼 낯이 없다는 사람도 있고, 그냥 투자자가 어렵다는 사람도 많다. 하지만 다시 이야기하지만, 투자자는 태클 거는 사람이 아니라 리스크를 고려해 주고 창업자가 하지 못하는 역할을 채워주는 사람이다. 창업자를 온전히 지지는 해주되, 이상한 방향으로 가지 않도록 조언하는 역할이다.

따라서 창업자와 투자자는 정말 대화를 많이 해야 한다고 생각한다. 그리고 이를 위해선 서로 한 번이라도 더 보는 것이 좋다. 투자자들도 창업자의 성공을 누구보다 바라는 사람인 것을 잊지 말고 자주 보며 회사 고민, 개인 고민 등을 서로 털어놓으며 컨센서스를 맞춰가다 보면 분명 도움이 된다. 투자자 입장에서 가장 황당한 경우가 어제까지는 "모든 게 다 괜찮습니다" 하다가 오늘 "죄송합니다" 하는 회사다. 이렇게 되기 전에 같이 고민해서 회사를 성공으로 이끌어야 하는 것은 창업자의 의무기도 하다.

개인적으로 투자자 입장에서 '최고의 사후관리는 아무것도 하지 않는 것'이라고 생각한다. 좀 더 정확히 말하면 투자하고 나서 아무것도 하지 않아도 알아서 잘되는 회사가 최고다. 하지만 사업은 항상 변수가 많아 당연히 생각대로 되지 않는다. 그래서 투자자는 아무것도 하지 않는 것이 아니라 회사의 성공을 위해서는 모든 것을 해주고 싶어 한다. 따라서 창업자도 투자자와 대화를 더 많이 해서 투자자를 통해 끌어낼 수 있는 것은 최대한 다 끌어낼 수 있다면, 분명 회사는 성장할 것이다.

Founders and Investors

상장하거나
사라지거나

4-1
투자금의 회수, 창업자의 회수는 언제 이뤄지는가?

투자자

"만나는 순간 헤어짐을 준비한다."

벤처캐피털의 투자와 회수 구조

대부분의 VC 펀드에서는 최고 성과를 낸 단 하나의 회사가 펀드 전체의 성공을 좌우한다. 이는 벤처캐피털이 소수의 성공 사례에 크게 의존하는 구조임을 보여준다. 대표적인 예로 2002년 야후 경영진은 구글을 30억 달러에 인수하려 했으나 기존 주주이자 야후의 투자자들은 구글이 높은 가격이란 이유로 경영진의 의사를 거절했다. 이후 구글은 더 큰 기업가치인 230억 달러로 상장하게 되었다. 이는 투자자들 사이에서 잘못 된 투자결정으로 회자되는 대표적인 회수 판단 실수 사례다.

투자자들이 회사의 의사결정에 직접적인 영향력을 행사하는 시점은 크게 두 번이다. 바로 투자를 시작하는 시점과 지분을 매각하는 시점이다. 투자 시점과 회수 시점은 근본적으로 다른 특성을 지닌다. 투자 단계에서는 회사의 성장 가능성이 무한하게 열려 있지만, 회수 시점에서는 한정된 자원을 판매하는 제로섬 게임의 성격을 띠게 된다. 이러한 특성 때문에 투자자들은 최적의 회수 방법과 시점을 찾기 위해 더욱 신중한 접근을 하게 된다.

회수의 3가지 유형

투자자의 회수는 크게 3가지 형태로 발생하며, 각각의 상황에 따라 투자자들의 대응과 결과가 다르게 나타난다.

첫째, IPO는 투자자들이 가장 선호하는 엑시트 방식이다. 이 경우 회사는 상장시장에 공개할 수 있을 만큼 꽤나 성장한 상태임을 의미하고, 이는 대부분의 초기 투자자나 벤처투자자들은 이미 상당한 수익을 달성한 상태일 가능성이 높기 때문이며, 공개 시장의 특성상 높은 거래량 덕분에 투자자의 회수행위가 회사의 가치 변화에 영향을 가장 덜 미칠 수 있기 때문이다. 이 경우 투자자는 상장 후 최적의 회수 시점과 규모를 결정하는 데에만 초점을 맞춘다.

둘째, M&A또는 구주매각을 통한 엑시트이다. M&A의 경우, 해외에서는 특히 일반적인 엑시트 방식이지만 국내에서도 최근 들어 대기업이나 유니콘 기업들의 M&A가 늘어나고 있다. 다만 다음 장에서 설명하겠지만, M&A는 생각보다 이해관계에 따라 다양한 케이스가 발생하고, 그 과정에서 기업 가치가 상당히 평가절하되는 경우도 많아, 당초 기대했던 수익에는 미치지 못하는 경우도 많다. 구주매각의 경우 펀드의 만기 또는 기타 이유로 가지고 있는 지분을 타 기관에 적당한 가격으로 매각하는 것을 의미하며, 일반적으로는 가장 마지막 밸류보다 일정 부분 또는 꽤 크게 할인해서 파는 경우가 많다.

셋째, 회사의 사업 지속 불가에 따라 청산에 의한 분배다. 창업자, 투자자 모두 가장 피하고 싶지만 역설적으로 꽤나 빈번하게 발생하는 엑시트 형태이다. 사업의 실패나 후속 투자 유치 실패로 인해 발생하며, 투자자들은 투자계약서의 회수 조항을 활용하거나 벌처펀드Vulture Fund와 같은 기관에 낮은 가격으로 지분을 매각하는 방식으로 일부라도 자금을 회수하려 노력한다.

　투자자들은 창업자를 처음 만나는 순간부터 이미 미래의 헤어짐을 고려한다. 투자 검토 단계에서 창업자에게 5년 후, 10년 후의 목표를 묻는 것은 단순한 비전 확인이 아닌, 창업자의 야망과 헌신의 깊이를 파악하기 위해서다. 투자자들은 창업자가 작은 성공에 만족하지 않고 기업 상장이라는 큰 목표를 향해 나아가기를 기대한다.

　이는 앞서 말한 투자자들의 생존과도 직결된다. 벤처캐피털은 작은 규모의 회수만으로는 지속 가능한 투자 사업을 영위할 수 없으며, 펀드 전체의 성공은 대개 하나의 큰 회수 사례에 의해 좌우되기 때문이다. 따라서 창업자의 조기 매각이나 작은 규모의 M&A는 투자자 입장에서 큰 성공의 기회를 잃는 것과 같다.

　이러한 이유로 투자자들은 창업자가 어려움 속에서도 끝까지 포기하지 않고 늘 큰 목표를 향해 나아가기를 바란다.

창업자

"얼마까지 알아보고 오셨나요?"

매각은 창업자 개인에게 있어서 거대한 사업의 한 사이클을 마무리 짓는 중요한 이벤트이다. 하지만 많은 창업자들이 본인의 회사의 매각을 막연히 두려워하거나 실패로 여기는 경향이 있다. 회사의 매각은 창업자에게 패배를 의미하는 것일까? 아니면 졸업을 의미하는 것일까?

매각은 비즈니스와 창업자 스스로를 분리해 볼 수 있는 계기

매각은 비즈니스와 창업자 스스로를 분리해 볼 수 있는 중요한 계기가 된다. 대부분의 초기 창업자들은 사업을 자신과 동일시하는 경향이 있다. 사업이 잘 되면 자신도 잘 되는 것 같고, 사업이 어려우면 자신도 실패한 것 같은 느낌을 받게 되는 것이다.

매각을 통해 얻을 수 있는 가장 큰 이점은 새로운 도전이나 제2의 창업을 위한 재무적 여력을 확보할 수 있다는 점이다. 매각을 통해 확보한 자금으로 예전에 하고자 했던 새로운 사업과 서비스에 도전할 수 있게 된다. 물론 기존 회사에서도 새로운 사업을 시도할 수 있지만, 새로운 회사를 시작할 때의 창업자의 열정과 몰입도는 완전히 다른 차원이 될 수 있다.

더불어 매각 과정은 그동안 일군 비즈니스를 제3자의 관점에서 바라볼 수 있는 기회를 제공한다. 매수자와 회사의 매각 가격을 논의하고 흥정하는 과정에서 회사를 세세하게 살펴볼 수 있고, 더 나아가 창업자는 자신의 경험을 객관화할 수 있게 된다. 결국 매각이라는 경험을 통해 창업자는 실패의 확률을 더욱 줄여 성장할 수 있고, 새로운 꿈에 도전할 수 있는 용기 또한 얻게 되는 것이다.

좋은 파트너를 만나 함께 시장의 크기를 키우는 일

매각은 단순히 사업을 정리하고 그만두는 것이 아닌, 새로운 파트너와 함께 더 큰 꿈을 이루는 기회가 될 수 있다. 많은 기업들이 어느 정도까지는 성장이 가능하지만, 그 다음 단계로의 성장, 즉 시스템화나 글로벌화 단계에서 어려움을 겪는 경우가 많다. 이런 시점에서 적절한 성장 파트너를 만난다면, 기업은 새로운 도약의 기

4

회를 얻을 수 있다.

매각 후 인수 기업과 함께 일을 해 나가는 과정에서는 기존 회사가 가진 산업의 영역을 넘어서거나 밸류체인Value Chain상의 새로운 경험과 역량을 쌓을 수 있다. 이는 기업이 한 단계 더 성장하는 데 중요한 밑거름이 된다.

특히 많은 스타트업들이 손익분기점BEP을 맞춰 생존할 수는 있지만, 그 이상으로 성장하는 데는 어려움을 겪는다. 이러한 시점에서 좋은 파트너를 만난다면 다시 한번 J커브를 그릴 수 있는 새로운 성장의 기회를 맞이할 수 있다.

0에서 1을 만드는 창업가와 1에서 10, 100을 만드는 창업가에게는 필요한 자질이 다르다

매각 경험은 창업자의 성장에 중요한 역할을 한다. 특히 첫 창업의 경우, 빠른 매각도 좋은 대안이 될 수 있다. 이는 자금과 경험 두 가지 측면에서 큰 도움이 된다. 자금 측면에서 보면, 매각을 통해 얻은 여유 자금으로 다음 사업을 더 긴 호흡으로 구상하고 운영할 수 있다. 경험 측면에서는 사업의 시작부터 끝이라는 한 주기를 전체적으로 경험하면서 많은 것을 배울 수 있다.

실제로 0에서 1을 만드는 창업가와 1에서 10, 100을 만드는 창업가에게 필요한 자질은 분명히 다르다. 때문에 창업가는 스스로가 어떤 단계에서 더 큰 가치를 만들어낼 수 있는지, 어떤 역할을 할 때 더 행복할 수 있는지를 진지하게 고민할 필요가 있다.

매각을 고민하는 창업자를 위한 TIP

첫째, 객관적인 시각을 유지해야 한다. 매각 과정에서 자사의 가치를 잘 보여주는 것도 중요하지만, 동시에 인수하려는 모회사에 대한 철저한 분석도 필요하다.

둘째, 매각 과정과 기업 운영 사이의 균형을 잘 잡아야 한다. 매각 진행에 많은 리소스가 투입되다 보면 기존 사업 운영에 차질이 생기거나 창업자가 번아웃에 시달릴 수 있다. 따라서 양쪽의 균형을 맞추며 매각을 진행하는 것이 중요하다.

셋째, '계약도 결국 사람이 하는 일'이라는 점을 명심해야 한다. 매각 협의 과정에서는 이성적이든 감정적이든 서로 간의 합의를 이끌어내는 것이 핵심이다.

넷째, 매각을 통한 지속가능성을 고려해야 한다. 매각은 단순히 한 회사의 끝이 아닌, 기업과 개인 모두에게 있어 성장의 중요한 계기가 되어야 한다. 따라서 '지속가능성'이라는 관점에서 매각을 바라보아야 한다.

4

THE MONSTER MONOPOLY.

19세기 미국 스탠다드 오일의 M&A를 풍자. 1884,
Attacking John D

　매각은 창업자에게 새로운 도전의 기회를 제공하고, 더 큰 성장
을 위한 발판이 될 수 있다. 물론 쉽지 않은 결정이겠지만, 객관적인
시각을 유지하고 장기적인 관점에서 접근한다면 매각은 창업자와
기업 모두에게 긍정적인 전환점이 될 수 있을 것이다.

4-2
M&A는 득인가, 독인가?

투자자

"M&A 독일 수도, 득일 수도!"

국내 M&A 시장은 크게 두 가지 형태로 구분된다. 첫째는 재무적 투자자FI, Financial Investor가 주도하는 바이아웃Buy-out 형태의 딜이다. 이는 투자자가 기업을 인수한 후 가치를 높여 재매각하는 방식으로 진행된다. 둘째는 SIStrategic Investor가 주도하는 전략적 M&A로, 사업적 시너지를 목적으로 진행되는 인수합병이다. 일반적으로 어느 정도 궤도에 오른 기업들은 전자의 방식을, 창업 초기 기업들은 후자의 방식을 더 활발히 활용한다. 최근에는 천억 원 이상의 대형 M&A도 등장하고 있지만, 국내 시장에서는 여전히 수십 억에서 수백억 원 규모의 거래가 주를 이룬다.

창업자와 M&A

투자자의 관점에서 볼 때, M&A는 창업자들의 마음속에 항상 자리 잡고 있는 주제인 듯하다. 많은 창업자들이 창업 전부터 M&A를 목표로 삼기도 하고, 사업을 영위하는 과정에서도 인수와 피인수에 대한 고민을 지속적으로 한다. 특히 주목할 만한 점은 M&A의 성사 여부가 회사의 객관적인 상황보다는 창업자 개인의 의지에 더 크게 좌우된다는 것이다.

실제로 투자자들은 투자 이후 '다른 회사를 인수하고 싶다'는 요청이나 '인수 제안을 받았다'는 상황 등 피투자사로부터 다양한 형태의 M&A 관련 동의 요청을 빈번하게 받게 된다. 이러한 상황들 속에서 투자자는 최대한 객관적인 판단 기준으로 창업자의 의사결정을 돕는다.

다른 회사를 M&A 하고 싶다면

선진국에 비해 아직 활성화 정도는 낮지만, 국내에서도 'M&A 펀드'와 같은 전문 펀드가 등장할 만큼 M&A에 대한 관심은 높아지고 있다. 많은 창업자들이 M&A를 통해 자사의 부족한 부분을 보완하고 시너지를 창출하고자 하는데, 이는 자연스러운 성장 전략으로 받아들여지고 있다.

그러나 실제로 M&A를 통해 초기에 기대했던 만큼의 시너지를 달성하는 경우는 생각보다 드물다. 이는 크게 두 가지 측면에서 어려움이 있기 때문이다. 첫째, 서로 다른 기업문화를 가진 두 조직이 하나로 융합되는 과정에서 예상치 못한 어려움이 발생한다. 둘째, 기대했던 사업적 시너지가 현실에서는 더디게 실현되는 경우가 많다. 특히 스타트업의 경우 한정된 리소스를 기존 사업과 새로 인수한 회사 사이에서 어떻게 배분할 것인지가 중요한 과제가 되며, 이 과정에서 양쪽 모두 만족스럽지 못한 결과를 얻는 경우가 빈번하다.

더욱 주목해야 할 점은 인수 후 발견되는 예상치 못한 현실이다. 일반적으로 인수 전 실사를 진행하지만, 스타트업의 특성상 철저한 실사가 현실적으로 어렵다. 또한 기대되는 시너지에 지나치게 집중한 나머지 중요한 실사 항목들을 놓치는 경우도 많다. 그 결과, 인수 후에야 대상 기업의 실제 모습을 파악하게 되는 경우가 대부분이다. 비록 심각한 사기 사례는 드물지만, 예상보다 많은 추가 관리비용이 발생하여 당황하는 경우는 빈번하다.

이러한 이유로 투자자들은 M&A에 대해 보수적인 입장을 취하게 된다. 원래 회사의 핵심 사업에 큰 리스크가 되지 않을 정도의 규모로 M&A를 제한하려 하며, 사업적 시너지와 인수의 당위성에 대해 철저한 검증을 요구한다. 따라서 창업자가 M&A에 대한 강한 의지를 가지고 있더라도, 충분한 시간을 두고 인수대상 기업을 면밀히 관찰할 것을 권장한다.

다른 회사에게 M&A 되어야 한다면

역으로 M&A 제안은 창업자들에게 매우 강력한 유혹으로 다가올 수밖에 없다. 처음에는 유니콘, 데카콘을 꿈꾸며 세상을 바꾸겠다는 원대한 포부로 창업을 시작하지만, 현실의 사업 과정은 예상보다 훨씬 험난하다. 더구나 적절한 규모의 엑시트 기회는 흔치 않기 때문에, M&A 제안을 받았을 때 창업자가 깊은 고민에 빠지는 것은 자연스러운 일이다.

이러한 상황에서 투자자의 역할은 매우 제한적일 수밖에 없다. 창업자가 M&A 제안에 대해 진지하게 고민하기 시작했다는 것 자체가 이미 중요한 의미를 갖는다. 이는 창업 초기나 투자 유치 시점에 가졌던 사업에 대한 열정과 의지가 상당 부분 약화되었음을 시사하기 때문이다.

실제로 투자자들은 M&A 가능성이 높은 기업에 투자할 때, 청산우선권Liquidation Preference 등을 통해 원금의 1배수 또는 그 이상을 우선적으로 회수할 수 있는 권리를 확보해 둔다. 그러나 이러한 최소한의 보호 장치가 있다 하더라도, 기대했던 수익률에 미치지 못할 경우 M&A 자체를 반대할 수 있다.

하지만 투자자 역시 무조건적인 반대만을 고수할 수는 없는 현실적인 딜레마에 직면한다. 창업자의 엑시트 기회를 투자자가 막아 버렸을 경우, 첫째, 투자자와 창업자 간의 신뢰 관계가 심각하게 훼손될 수 있고, 둘째, 이미 M&A에 마음이 기운 창업자가 이후 사업을 온전한 열정으로 이끌어갈 수 있을지에 대한 우려가 있기 때문이다.

결론적으로, M&A 제안이 왔을 때는 창업자와 투자자가 충분한 소통을 통해 양측 모두가 수용할 수 있는 합의점을 찾는 것이 중요하다. 비록 각자가 기대했던 최상의 결과는 아닐지라도, 서로에게 도움이 되는 윈-윈win-win 솔루션은 반드시 존재하기 마련이다.

창업자

"이용할 것인가? 이용당할 것인가?"

창업 후 지속적인 성장을 이어오던 창업자에게도 정체의 시기가 찾아온다. 이러한 정체기를 바라보는 관점은 크게 2가지로 나뉜다. 어떤 이는 이를 더 이상 성장이 어려운 '한계점'으로 인식하고, 또 다른 이는 새로운 변화가 필요한 '변곡점'으로 해석한다.

이런 정체의 시기가 찾아올 때마다 창업자들은 깊은 고민에 빠지게 된다. 그리고 이 시점에서 자연스럽게 M&A라는 선택지가 떠오르게 된다. 한계점에 도달했다고 느끼는 창업자와 변곡점이 필요하다고 생각하는 창업자, 이들이 각각 M&A를 어떻게 다르게 활용하는지 살펴보는 것은 매우 중요하다.

한계를 느낀 창업자들의 M&A 접근 방식은 일반적으로 생각하는 것과는 다른 양상을 보인다. 이들이 느끼는 한계는 주로 사업적인 측면보다는 정신적, 심리적인 부분에서 비롯된다.

창업자들은 자신의 기술이나 서비스에 대한 확신은 여전히 강하지만, HR, 영업, 회계 등 대규모 조직의 CEO로서 수행해야 하는 다양한 역할에 대한 부담감을 느끼기 시작한다. 이때 자신의 부족한 부분을 보완해 줄 수 있는 누군가에게 이러한 역할을 넘기고 싶은 욕구가 커지게 된다.

이는 단순히 사업을 포기하거나 회사 운영을 중단하고 싶다는 의미가 아니다. 오히려 자신이 가장 잘하고 즐기는 제품 개발이나 기술 개발에만 집중하고, 자신이 상대적으로 취약하거나 관심이 적은 HR, 영업, 재무 등의 영역은 전문성을 갖춘 다른 이에게 맡기고 싶다는 의지의 표현이다. 이러한 상황에서 창업자는 자신의 조직을 잘 유지하면서도 회사를 안정적으로 품어줄 수 있는 인수 대상을 자연스럽게 물색하게 된다.

이러한 고민을 안고 제품 개발을 지속하는 과정에서, 창업자는 기존에 교류하던 관계사나 때로는 경쟁사 대표와 대화할 기회를 갖게 된다. 이러한 대화 속에서 다른 회사들이 그리는 더 큰 비전과 성장하는 조직의 모습을 보며, 자연스럽게 자신의 조직도 그들과 함께 성장하고 싶다는 욕구가 생겨나게 된다.

때로는 직접적인 콜드콜 형태로 인수 제안이나 미팅 요청을 받기도 한다. 이런 다양한 접점들을 통해 창업자는 자신의 회사를 어떻게 영속시킬 수 있을지, 또 자신이 진정으로 좋아하는 일을 어떻게 지속할 수 있을지를 깊이 고민하게 되고, 이는 자연스럽게 M&A 검토로 이어지게 된다.

국내 M&A 시장에서 주요 인수자는 크게 대기업과 사모펀드PE, Private Equity가 결성한 M&A 펀드들이 주축을 이루고 있다. 여기에 최근에는 중견기업과 성장한 스타트업들도 시장에 적극적으로 참여하면서, M&A 시장은 더욱 다양한 옵션을 제공하게 되었다.

각각의 인수 주체들은 서로 다른 특성과 접근 방식을 가지고 있으며, 인수합병 후의 성공 사례도 조직마다 다른 양상을 보인다. 물론 같은 유형의 인수 주체라 하더라도 개별 케이스마다 그 결과는 천차만별일 수 있다. 하지만 각 인수 조직들은 그들만의 고유한 특성과 패턴을 보이고 있다.

첫 번째로 대기업에 인수하는 사례를 확인해 보자. 대기업의 인수 사례를 살펴보면 몇 가지 뚜렷한 특징이 있다. 대기업은 기존 사업의 확장에 중점을 두고 작은 회사들을 인수하는 경향이 강하다. 보수적인 회사 구조로 인해 신규 사업에 대한 과감한 투자를 꺼리며, 주로 기존 사업과의 연결성이 있는 기업, 특히 관계사를 중심으로 인수 대상을 물색한다. 이러한 보수적 접근은 기업가치 평가에도 반영되어, 기업의 가치를 상당히 보수적으로 평가하는 경향이 있다. 이로 인해 투자자들 사이에서도 대기업으로의 인수합병을 반드시 긍정적으로 보지 않는다.

기업결합 후 통합PMI, Post Merger Integration과정에서도 대기업의 인수는 많은 문제점을 노출한다. 성공적인 M&A는 단순한 물리적 합병을 넘어 화학적 합병까지 이루어져야 하지만, 대기업의 경우 이러한 통합이 잘 이루어지지 않는다. 주된 이유는 대기업의 직원 역할 배분과 업무 로테이션 방식에 있다. 인수를 검토하는 조직과 사후 관리하는 조직이 분리되어 있어, 초기에는 두 조직이 협력한다고 하지만 실제로는 인수 담당자가 성공적인 인수 후 승진하거나 다른 부서로 이동하고, PMI 담당자는 이를 단순한 업무 인수인계로 여기는 경우가 많다. 결과적으로 인수된 기업 입장에서는 일관성 없는 의사소통으로 인해 PMI 과정에 적극적으로 참여하지 않게 되고, 이는 결국 두 조직이 진정한 의미의 통합을 이루지 못하는 결과로 이어진다.

그러나 대기업 인수가 부정적인 측면만 있는 것은 아니다. 대기업은 실패를 쉽게 용인하지 않는 보수적 구조로 인해, 인수한 기업을 쉽게 폐업시키지 않는다. 사업이 어려워져도 직원들에게 대기업 조직원으로서의 기회를 제공하거나, 다른 형태로 매출을 창출하여 기업의 영속성을 유지하려는 특성을 보인다.

중견기업이 인수할 때

두 번째로 중견기업/스타트업의 인수는 조금 다른 성격을 가지고 있다. 중견기업은 풍부한 보유현금을 바탕으로 주로 신규시장 진출을 위해 인수합병을 활용한다. 대기업과 유사한 업무 영역을 다룰 수 있으나, 수직계열화보다는 새로운 산업 진출에 더 초점을 맞춘다는 점에서 차이가 있다.

반면 스타트업의 인수는 주로 기술, 인력 자원, 영업권 확보에 중점을 둔다. 특히 인력 자원 측면에서는 우수한 기술 인력을 효율적으로 확보할 수 있는 방법으로 활용된다. 또한 뛰어난 기술력은 있으나 영업조직이 부족한 기술기업들이 영업 조직을 보유한 기업을 인수하는 경우도 많다.

중견기업과 스타트업의 가장 큰 공통점은 인수부터 PMI까지의 과정을 CEO나 CEO 직속 조직이 일관되게 진행한다는 점이다. 이로 인해 의사결정이 신속하게 이루어지고, 초기 합의사항이 끝까지 유지되어 자연스러운 화학적 통합이 가능해진다. 특히 스타트업의 경우, 현금보다는 지분교환 방식의 인수를 선호하여 피인수기업의 가치를 상대적으로 높게 평가하는 경향이 있다.

그러나 이들은 대기업과 달리 사업 실패 시 과감한 결단을 내리는 특징이 있다. CEO가 직접 실패에 대한 책임을 질 수 있기 때문에, 성장 가능성이 없는 사업을 인위적으로 유지하지 않고 즉각적인 철수와 구조조정을 단행한다.

변곡점을 느낀 창업자를 위한 M&A

변곡점을 느낀 창업자의 M&A 접근은 매우 다르다. 이들은 피인수자가 아닌 적극적인 인수자로서의 역할을 수행하며, 저평가된 기업이나 전통적 사업 영역의 기업을 인수함으로써 자신의 사업에 새로운 성장 동력을 더하고자 한다.

과거 옐로우모바일이나 500V와 같은 무분별한 스타트업 인수의 실패 사례는 우리에게 중요한 교훈을 주었다. 최근의 창업자들은 이러한 과거의 교훈을 바탕으로, 단순한 외형적 성장이 아닌 명확한 목적성을 가지고 인수를 진행한다. 특히 기업의 자원 확보나 영업권 확보와 같은 구체적인 목표를 가지고 접근하며, 이를 투자자들에게도 명확히 설명하여 특정 기업 인수를 위한 투자를 유치하기도 한다. 이는 PE들이 전통적으로 수행해 오던 볼트온 전략을 창업자들이 주도적으로 실행하는 형태로 진화한 것이다.

이제는 M&A를 너무 극단적으로 바라보지 말아야 한다. 많은 스타트업 창업자들이 인수 제안을 즉각적으로 거절하는 경향이 있는데, 이는 바람직하지 않다. 오히려 인수 검토 과정을 통해 시장 현황, 자사의 위치, 경쟁우위 요소 등을 객관적으로 파악할 수 있는 좋은 기회로 활용할 수 있다.

대기업의 스타트업 인수합병은 기술개발R&D에 도움이 될까?

스타트업을 대상으로 한 M&A는 기술 혁신을 위해 대기업이 늘 고민하는 영역이다. 뉴스에서는 구글이나 페이스북의 유튜브, 인스타그램의 M&A를 거론하며 대기업이 기술혁신을 위해서는 스타트업을 인수해야 한다고 주장한다. 현실에 대기업 담당자들은 스타트업을 인수하여 기술을 내재화하는 게 너무 초기 기술이라 불가능하다며, 이제 걸음마를 걷는 아이에게 마라톤을 시킨다는 것과 유사하다고 이야기한다. 누구 말이 맞는 것일까? 이와 관련하여 기업의 인수합병에 대해 분석한 재미있는 논문이 있다.

중국 북경대에서 〈기술기업 인수합병이 기업 혁신에 미치는 영향The Impact of Technological Mergers and Acquisitions on Enterprise Innovation〉이란 주제로 논문을 발표했다.

*논문은 기존 발행된 390건의 논문을 분석하여 기술기업의 인수합병과 관련된 상관관계를 분석하였다. 논문에서는 긍정적인 측면과 부정적인 측면을 각각 이야기했다.

Positive: 기술 혁신의 가속화

기술기업 인수에 대한 긍정적 측면으로 M&A 대기업이 외부의 혁신 자원을 빠르게 흡수하여 내부 혁신 역량을 강화하는 기회를 제공한다고 주장한다. 논문에 따르면, 인수합병을 통해 지적 재산권을 확보한 기업의 약 96%가 인수 후 3년 내에 특허 출원 수가 2배 이상 증가했으며, 이는 인수합병이 기업의 추가적인 기술/혁신 활동을 촉진하고 시장 경쟁력을 높이는 데 기여할 수 있음을 보여준다. 특히, 인수한 기술을 성공적으로 내재화하고 통합한 기업들은 R&D 투자 대비 혁신 성과(특허 출원 등)가 크게 향상되는 경향을 보였다.

Negative: 내부 혁신의 저해

반면, 기술 인수합병은 통합 과정에서 발생하는 문제로 인해 역으로 기업의 내부 R&D 활동을 방해할 수 있다. 같은 연구에서 인수합병을 실시한 기업의 54%가 통합 후 3년 내에 내부 R&D 비용이 평균 30% 감소했으며, 이로 인해 혁신 성과도 줄어드는 현상을 보였다. 특히 인수된 기술이 기존 기술과 충돌하거나 조직 문화가 잘 통합되지 않은 경우, 기존 혁신 인프라와의 불일치로 인해 오히려 성과가 저하되는 경우가 많았다.

결과적으로 기술 인수합병이 반드시 긍정적인 혁신 효과를 가져오는 것은 아니며, 통합 과정의 어려움을 잘 관리하지 못하면 오히려 부정적인 영향을 미칠 수 있음을 말하고 있다.

스타트업을 통한 기술혁신은 연구개발R&D의 '대체재'가 아닌 '보완재'

CLS Blue Sky Blog는 컬럼비아 법학대학원Columbia Law School에서 운영하는 블로그로, 기업과 자본 시장과 관련된 다양한 주제를 다루고 있다. 21년 12월에 작성된 기고문 〈Why Exit via Acquisition Is Essential to Entrepreneurial Investment〉에서는 벤처캐피털이나 스타트업을 통한 기술혁신은 기업 연구개발R&D의 '대체제'가 아닌 '보완 요소'라고 이야기한다.

대기업은 투자 자본에 대한 수익을 창출해야 한다는 압박을 받아 위험성이 큰 기술개발에 투자하는 것을 꺼릴 수 있기에 VC나 이를 통해 자금을 지원받은 스타트업들이 그 리스크를 감내하며 기술 혁신을 진행한다고 이야기한다.

오히려 스타트업을 통한 기술개발만을 정답으로 생각하거나, 내부 R&D만을 주창하며 외부기술을 부정적으로 받아들이는 편협적인 기술혁신 전략을 경계하라고 이야기한다.

혁신기술을 발굴하는 것에 대한 정답은 없다. 세상을 바꿀 혁신적인 기술은 외부 유니콘 스타트업에서도, 뛰어난 내부 연구원들을 통해서 발생할 수 있다. 문제는 의사결정권자가 이러한 것을 얼마나 잘 받아들이고 양쪽을 각각 주요한 '보완재'로 때로는 '촉매재'로 사용하냐일 것이다.

4-3
회사의 이사회는
어떤 역할을 하는가?

투자자

"이사회는 창업자가 아닌
회사를 위해서 존재합니다."

이사회는 창업자 개인의 이익이 아닌 회사 전체의 이익을 위해 존재하는 의사결정 기구다. 투자 유치 이후 많은 창업자들은 이사회라는 새로운 '상사'가 생겼다고 느끼게 되는데, 이는 회사의 소유 구조와 실제 운영 사이에 존재하는 미묘한 간극 때문이다.

주주가 회사의 소유주라는 것은 이론적으로는 맞는 말이지만, 실제로 주주들이 가지는 권한은 상당히 제한적이다. 예를 들어, 아마존 주식을 보유하고 있다고 해서 아마존 본사에 마음대로 출입할 수 있는 것은 아니다. 대신 이사회가 이러한 주주들의 이익을 대변하고 회사의 주요 의사결정을 담당하는 역할을 수행한다.

이사회는 일상적인 회사 운영에 대해서는 창업자에게 권한을 위임하지만, 필요한 경우 창업자의 권한을 제한하거나 심지어 교체할 수 있는 강력한 권한도 보유하고 있다. 이는 회사의 장기적 성장과 주주 가치 보호를 위한 필수적인 견제 장치로 작용한다.

각자 다른 관점에서 바라보는 이사회

투자자의 입장에서 이사회는 단순한 의사결정 기구 이상의 의미를 지닌다. 초기에는 창업자의 비전과 능력을 신뢰하며 투자를 진행하지만, 시간이 지날수록 투자 자금의 안정성과 회사의 지속 가능한 성장을 위해 더욱 객관적인 관리 체계가 필요해진다. 이때 이사회는 투자자들이 회사의 현황을 정확히 파악하고 미래 계획을 면밀히 검토할 수 있는 핵심적인 플랫폼이 된다.

이사회를 통해 투자자들은 투자금의 사용 현황을 모니터링하고, 회사가 직면한 문제점과 그 해결 방안을 검토하며, 궁극적으로 해당 투자의 지속적인 성장 가능성을 판단할 수 있다. 따라서 투자사에게 있어 이사회 참여는 단순한 형식적 절차가 아닌, 투자의 안정성과 성공을 담보하기 위한 필수적인 수단이 되는 것이다.

하지만 많은 창업자들이 이사회의 역할을 잘못 이해하는 경우가

4

있다. 낙관적인 창업자들은 이사회를 단순한 자문 기구로 여기고, 비관적인 창업자들은 이사회가 자신을 견제하기 위해 존재한다고 생각한다. 하지만 이 2가지 관점 모두 이사회의 본질을 정확히 파악하지 못한 것이다.

이사회의 이상과 현실

이사회는 회사의 감독과 견제라는 중요한 역할을 수행하는 핵심 기구다. 올바르게 운영될 경우 회사의 성공에 결정적인 기여를 할 수 있지만, 잘못 관리될 경우 창업자와 투자자 간의 심각한 갈등을 야기할 수 있는 양날의 검과 같다.

이상적으로 이사회는 기본적으로 창업자에게 일상적인 회사 운영을 위임하지만, 필요한 시점에 적절한 조언과 건설적인 비판을 제공한다. 특히 창업자가 간과하고 있는 중요한 사항이 있을 때 적극적으로 개입하여 회사의 올바른 방향성을 제시하는 것이 이사회의 핵심적인 역할이다.

하지만 이사회의 현실은 훨씬 더 복잡하다. 특히 투자자들이 이사회에 참여할 때, 회사 전체의 이익보다 자신이나 소속 펀드의 이해관계를 우선시하는 경우가 현실에서 빈번하게 발생한다. 투자 시기만 보더라도 5년이 넘은 초기 투자자부터 불과 6개월 전에 참

여한 후기 투자자까지 매우 다양하다. 어떤 투자자는 올해 안에 IPO
나 매각을 통해 투자금을 회수해야 하는 상황이고, 또 다른 투자자
는 2~3년 이상의 장기 운영을 통해 더 큰 수익을 기대하고 있을 수
있다. 이처럼 상충되는 이해관계는 때로는 회사의 장기적 성장과는
거리가 있는 비합리적인 의사결정으로 이어지기도 한다.

따라서 창업자는 이러한 이사회의 현실을 명확히 인식할 필요가
있다. 이사회 구성원들의 모든 결정이 반드시 회사 전체의 이익만
을 고려한 것은 아닐 수 있다는 점을 이해해야 한다. 각 투자자가 처
한 상황과 그들의 투자 목표를 정확히 파악하고, 이를 종합적으로
고려한 전략적인 접근이 필요하다.

효과적인 이사회 운영을 위한 핵심 요소

효율적이고 생산적인 이사회 운영을 위해서는 창업자는 다음과
같은 핵심 요소들에 인지해야 한다.

**첫째, 이사회는 '새로운 정보'를 전달하는 자리가 아니라 '준비된 논의'를 하는 자
리가 되어야 한다.** 창업자는 중요한 사안에 대해 사전에 투자자 및 관
계자들과 충분한 소통을 거치고, 실질적인 해결책을 마련해야 한다.
주요 비즈니스 현황, 제품 개발 진행 상황, 고객 피드백, 재무 상태

등에 대한 정기적인 업데이트를 통해 이사회 구성원들이 회사의 상황을 항상 파악할 수 있도록 해야 한다.

둘째, 프레젠테이션은 일관된 형식을 유지해야 한다. 이는 단순한 형식적 통일이 아닌, 이사회 멤버들이 회사의 진행 상황과 의사결정 사항을 효과적으로 추적하고 이해하는 데 필수적이다. 현재 회의 내용을 이전 회의와 쉽게 비교할 수 있어야 미해결된 문제와 진행 상황을 명확히 파악할 수 있다.

셋째, 회의는 반드시 중요한 문제에 집중해야 한다. 일상적인 운영 세부사항보다는 회사의 핵심적인 도전과제나 기회에 초점을 맞추어야 하며, 창업자는 각각의 이슈에 대해 구체적인 행동 방안을 제시할 수 있어야 한다.

넷째, 철저한 리뷰와 피드백 과정이 필요하다. 투자자들은 이사회 안건을 사전에 충분히 검토하고, 창업자와 잠재적 문제점들을 미리 논의해야 한다. 회의 후에는 창업자에게 건설적인 피드백을 제공하고, 필요한 경우 프레젠테이션 방식의 개선이나 추가 참석자 조정 등을 제안할 수 있어야 한다.

다섯째, 회의는 효율적으로 운영되어야 한다. 특히 초기 단계 기업의 경우, 두 달에 한 번 정도의 주기로 2시간 이내의 짧고 집중도 높은 회의를 진행하는 것이 효과적이다. 정기적인 업데이트를 통해 이사회 멤버들의 지속적인 참여를 유도하되, 한 번에 너무 많은 정보를 전달하지 않도록 주의해야 한다.

특히 중요한 것은 이사회가 외부 대중을 대상으로 하는 기업설명회와는 본질적으로 다르다는 점이다. 이사회는 새롭고 놀라운 정보를 전달하는 자리가 아니라, 이미 공유된 정보를 바탕으로 심도 있는 논의와 합의를 이끌어내는 자리다. 아무리 긍정적인 내용이라 하더라도, 이사회 멤버들이 처음 듣는 사항에 대해서는 반드시 충분한 검토와 논의가 필요하다.

"이사회 회의는 쇼에 불과하다."

이사회의 역할과 구조는 각 국가별로 뚜렷한 차이를 보인다. 특히 미국의 이사회는 한국에 비해 더욱 엄격한 기업 관리와 감독 기능을 수행하며, 기업 운영의 핵심적인 의사결정 기구로서 실질적인 영향력을 행사한다. 이러한 강력한 권한은 애플의 스티브 잡스나 최근 OpenAI의 샘 알트먼이 자신이 설립한 회사에서 이사회 결정으로 퇴출된 사례를 통해서도 쉽게 확인할 수 있다. 반면 한국의 경우, 아직도 재벌이나 총수의 소수 지분이 기업 전체의 의사결정을 좌우하는 상황이 지속되고 있어, 이사회 역할의 실질적 강화가 시급한 과제로 대두되고 있다.

그러나 이사회의 권한 강화가 반드시 긍정적인 결과만을 가져오는 것은 아니다. 이사회가 감시와 견제라는 본연의 역할을 넘어서 과도하게 개입할 경우, 오히려 기업 운영에 혼선을 초래하거나 창업자들이 이사회의 존재 가치 자체를 부정하는 극단적인 상황까지 이어질 수 있다.

특히 투자자의 이사회 참여는 단순한 명예직이나 투자사에 대한 보상 차원이 아닌, 실질적인 기업 가치 향상을 위한 것이어야 한다. 이사회라는 공식적인 자리가 반드시 최선의 소통 창구가 되는 것은 아니며, 때로는 이사회라는 형식적인 틀을 벗어나 창업자와의 직접적인 대화를 통해 더 효과적인 의사결정과 문제해결이 가능한 경우도 많다.

이사회의 기대와 현실

창업자들이 이사회에 기대하는 역할은 매우 구체적이다. 첫째, 사업의 문제를 함께 고민하고 검증사항을 되돌아보는 도움을 제공해야 한다. 둘째, 시장 동향, 경쟁 관련 정보, 투자시장의 현황 및 인수합병에 대한 유용한 정보를 제공해야 한다. 셋째, 잠재 고객 제안, 우수한 인재 소개 및 정부 관련 네트워크를 지원해야 한다. 넷째, 유사한 다른 회사의 사례를 통해 실질적인 조언을 제공해야 한다. 마지막으로, 회사와 창업자에 대한 적극적인 지원이 필요하다.

그러나 현실은 이러한 기대와 상당한 괴리를 보인다. 가장 큰 문제는 이사회 운영 자체에 들어가는 과도한 시간과 노력이다. 회의 준비, 자료 작성, 일정 조율 등 행정적인 업무에 창업자의 귀중한 시간이 많이 소모된다. 또한 이사회가 문제해결보다는 비판의 장으로 변질되는 경우가 많다. 이미 창업자가 인지하고 있는 문제점을 지적하는 데 많은 시간을 할애하면서, 정작 필요한 해결책 제시는 부족한 경우가 빈번하다. 더욱 심각한 문제는 이사들이 회사의 장기적 이익보다는 자신들이 대표하는 펀드나 투자사의 이해관계에 따라 의사결정을 하는 경향이 있다는 점이다.

이러한 맥락에서 이상적인 이사회 구성을 위한 구체적인 방안을 살펴볼 필요가 있다. 한국의 현실에서는 창업자가 원하는 형태로 이사회를 구성하기가 쉽지 않지만, 다음과 같은 인물들을 이사회 구성원으로 영입하는 것이 바람직하다.

창업자들에게 필요한 이상적인 이사회

첫째, B, C Round 스타트업의 최고 운영 책임COO, Chief Operating Officer **경험자를 포함시키는 것이 좋다.** 이들은 투자자들의 행동 패턴을 정확히 이해하고 있으며, 실제 운영 과정에서 발생할 수 있는 문제들에 대한 해결책을 제시할 수 있다.

둘째, 회사의 엔젤투자자나 초기투자자를 참여시키는 것이 중요하다. 이들은 창업자와 회사의 초기 비전을 공유하고 있으며, 창업자에 대한 깊은 신뢰를 바탕으로 장기적 관점의 조언을 제공할 수 있다.

셋째, 본인 기업보다 한 단계 앞선 투자를 받은 선배 창업자의 참여가 유용하다. 이들은 현재 직면한 문제들을 이미 경험했을 가능성이 높으며, 투자, 운영, 세무 등 실무적인 측면에서 구체적인 조언을 제공할 수 있다.

마지막으로, 공동창업자의 참여도 중요하다. 비록 때로는 의견 충돌이 있을 수 있으나, 회사의 초기 비전과 가치를 공유하고 있어 창업자의 관점에서 현실적인 조언이 가능하다.

만약 이러한 이상적인 인물들을 정식 이사회 구성원으로 영입하기 어렵다면, '최소한 조언자'로라도 확보하여 중요한 의사결정 시점마다 조언을 구할 수 있는 관계를 구축해야 한다. 또한 정기적인 자문회의나 비공식적인 미팅을 통해 이들의 경험과 통찰을 지속적으로 활용하는 것이 바람직하다.

이사회는 단순한 견제 기구가 아닌 기업의 지속 가능한 성장을 위한 중요한 자산이 될 수 있다. 창업자는 이러한 관점에서 이사회를 전략적으로 구성하고 활용하여, 회사의 장기적 성공을 위한 토대로 삼아야 할 것이다.

이사회의 근본적 존재 이유: 소유와 경영의 분리

주식회사는 소유와 경영의 분리를 기본 원칙으로 한다. 이는 자본의 효율적 조달과 전문적 경영을 동시에 달성하기 위한 제도적 설계다. 아래 그림처럼, 주주들은 주주총회를 통해 의결권을 행사하지만, 실질적인 경영은 이사회와 대표이사를 중심으로 한 경영진에게 위임된다. 이러한 구조는 주주가 직접 경영에 참여하지 않고도 투자가 가능하게 하여, 기업의 자금 조달을 용이하게 한다.

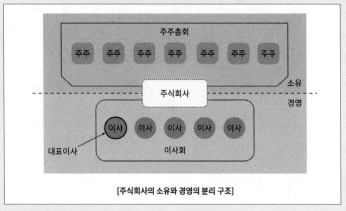

[주식회사의 소유와 경영의 분리 구조]

출처: 투자 유치를 앞둔 창업자를 위한 투자계약서 가이드북

스타트업에서도 이러한 원칙은 동일하게 적용된다. 투자자는 자금을 투입하고 주식을 받아 주주가 되지만, 이것이 곧 경영권을 의미하지는 않는다. 다만 스타트업의 경우, 초기에는 창업자가 대주

주인 경우가 많아 소유와 경영이 완전히 분리되지 않는다. 그러나 투자 라운드를 거치며 외부 투자자의 지분이 증가하고 창업자의 지분이 감소하면서, 소유와 경영의 분리가 점차 뚜렷해진다.

이러한 구조는 효율적인 경영을 가능하게 하지만, 동시에 모럴해저드라는 문제를 야기할 수 있다. 창업자가 회사의 유일한 소유자가 아니게 되면서, 장기적 회사 가치 극대화보다 단기적 이익을 추구하거나 투자금을 부적절하게 사용할 위험이 존재한다.

잠재적 위험과 이사회의 역할

이러한 위험을 방지하기 위해 이사회가 존재한다. 이사회는 주주와 경영진 사이의 중재자 역할을 수행하며, 회사의 운영 방향을 감독하고 핵심적인 의사결정을 담당한다. 특히 투자자들은 이사회를 통해 경영진의 부적절한 행동을 견제하고, 회사가 투자자의 기대에 부합하는 방향으로 성장하도록 유도한다.

이사회는 단순한 견제 기구가 아닌, 소유와 경영의 분리라는 근본적인 문제를 해결하기 위한 핵심적인 지배구조 메커니즘이다. 주주총회에서 선임된 이사들로 구성된 이사회는 주주의 이익을 대변하면서도 전문적인 경영 의사결정이 가능한 구조를 만들어낸다. 창업자와 투자자 모두 이러한 이사회의 본질적 역할을 이해하고, 이를 회사의 지속가능한 성장을 위한 효과적인 도구로 활용해야 한다.

4-4
투자자와 창업자는 언제 헤어지는가?

투자자

"헤어지지만 영원한 동행을 꿈꾸며"

투자자와 창업자는 투자 직후부터 투자자의 엑시트Exit 순간까지 모든 희로애락을 함께 한다. 이들은 투자 계약이라는 공식적인 관계로 맺어져 있지만, 회사가 항상 계획한 방향대로 순탄하게 운영되지는 않기에 크고 작은 갈등과 이를 해결하는 과정을 반복적으로 겪게 된다. 이러한 과정에서 때로는 서로 감정적으로 상처를 주고받기도 하지만, 이를 함께 극복해 나가면서 더 깊은 신뢰와 라포르rapport가 자연스럽게 형성되어 간다.

일반적으로 투자의 성공과 실패가 투자자와 창업자의 관계를 결정짓는 절대적 요소라고 생각하기 쉽지만, 실제로는 그 결과만으로 둘의 관계가 전적으로 규정되지는 않는다. 사업과 투자는 결국 사람이 하는 일이며, 그 과정에서 형성되는 인간적인 유대관계가 큰 영향을 미친다. 그렇기에 성공한 회사에서도 여러 투자자들 중 창업자와 특별히 더 긴밀한 관계를 맺는 투자자가 있고, 이는 성과가 좋지 않은 회사에서도 마찬가지로 나타나는 현상이다. 투자자와 창업자가 각자의 역할에 최선을 다하면서도 상대방의 입장을 세심하게 배려하고, 함께 성장해 나갈 수 있다면 그리고 그 과정 자체가 서로에게 충분한 가치와 의미를 지닌다고 느낄 수 있다면, 이들은 단순한 비즈니스 파트너를 넘어 진정한 동반자이자 좋은 친구가 될 수 있다.

Best Case vs. Worst Case

투자자가 창업자에게 기대하는 가장 이상적인 시나리오는 투자한 회사가 성공적으로 성장하고, 그 과정에서 창업자와 깊은 신뢰관계가 형성되어 추후 창업자가 투자자의 출자자로 참여하게 되는

4

경우다. 이런 경우 투자자는 창업자에게 의미 있는 수익을 안겨 주고, 창업자가 다시 새로운 창업에 도전할 때도 무한한 신뢰를 바탕으로 적극적인 투자에 나서게 된다. 서로에게 경제적 가치를 창출해 준 경험이 있으면서도 인간적으로 깊은 신뢰 관계가 형성되어 지속적인 윈-윈 구조가 만들어지는 이런 선순환은 투자자가 창업자와의 관계에서 가장 이상적으로 꿈꾸는 모습이다.

하지만 현실에서는 다양한 상황이 발생한다. 창업자의 조기 매각이나 투자자의 구주매각을 통해 당초 기대했던 수익률에 다소 미치지 못하는 결과가 나올 때는 투자자와 창업자 모두에게 복잡한 감정이 남는다. 이때는 대개 창업자의 역량 부족을 탓하기보다는 창업자 입장에서는 '조금만 더 했더라면', '좀 더 버티면서 사업을 추진했더라면' 하는 아쉬움이, 투자자 입장에서는 '끝까지 함께할 수 있었다면', '더 적극적으로 도움을 줄 수 있었다면' 하는 미련이 공존하는 상황이다. 이런 시점에서 창업자와 투자자는 서로에 대한 이중적인 감정을 경험하게 되지만, 그럼에도 서로의 성실성과 도전정신을 높이 평가하며 다음 기회를 함께 모색하기도 한다.

반대로 가장 최악의 시나리오는 투자자와 창업자가 서로를 비난하며 적대적 관계로 발전하는 경우다. 투자자는 투자 이후 창업자를 과도하게 신뢰하거나 여러 이유로 적절한 관리감독을 소홀히 하다가 사업이 실패 국면에 접어들면 모든 책임을 창업자에게 전가하기도 한다. 반대로 창업자는 투자자가 투자 이후 불필요한 간섭만

했을 뿐 실질적인 도움은 전혀 제공하지 않았다며 원망하는 상황이 발생하기도 한다. 특히 회사가 어려워져 투자금 회수 문제를 논의하게 되는 위기 상황에서는 그동안 드러나지 않았던 창업자의 숨겨진 본성과 내면이 표출되면서 비윤리적이고 비인격적인 상황으로 발전하기도 한다. 이러한 갈등이 심화되면 양측이 법무법인을 내세워 법적 분쟁으로 비화되는 등 감정적 대립이 극단으로 치닫는 경우도 발생한다.

다음에도 가장 먼저 만나고 싶은 투자자 그리고 창업자

투자자에게 창업자와의 관계 종료는 단순한 투자 계약의 만료 이상의 의미를 지닌다. 더 나은 투자자가 되고자 하는 이들은 창업자가 다음 창업을 시도할 때 가장 먼저 찾게 되는 신뢰할 수 있는 파트너가 되기를 희망한다. 투자자의 역할이 하나의 브랜딩 사업과 유사한 성격을 띠기 때문에, 창업자와의 헤어짐 또한 세심하게 관리해야 할 중요한 과정이며, 이것이 투자자들이 아름다운 이별을 추구하는 근본적인 이유가 된다.

현실적으로 투자자와 창업자가 각자의 역할에서 최선을 다했음에도 사업이 성공하지 못하는 경우는 상당히 많다. 이런 상황에서 서로에 대한 후회와 아쉬움은 불가피하게 남을 수 있지만, 끝까지

4

최선을 다했다는 서로의 노력과 진정성을 인정할 수 있다면, 이들은 일시적인 실패를 넘어 장기적인 동반자 관계로 발전할 수 있다. 이것이 바로 스타트업 생태계에서 투자자와 창업자 관계가 가지는 특별한 의미이다.

투자자와 창업자의 아픈 이별

투자자와 창업자의 관계는 결국 헤어짐의 순간을 맞이하게 된다. 그러나 이 헤어짐이 항상 원만한 것은 아니다. 최근 신한캐피털과 어반베이스의 사례는 이러한 헤어짐의 과정에서 발생할 수 있는 심각한 문제를 보여준다.

10년간 성실하게 기업을 운영해 온 창업자가 기업 회생 과정에서 개인 연대책임으로 인해 투자금의 두 배가 넘는 12억 원의 소송과 자택 가압류라는 상황에 직면한 것이다. 이는 과거 체결한 투자계약서의 '이해관계인 연대책임' 조항이 창업자의 미래까지 위협할 수 있다는 것을 여실히 보여준다.

특히 우려스러운 점은 이러한 책임 추궁이 창업자의 도덕적 해이나 불법행위가 아닌, 단순한 사업 실패에도 적용될 수 있다는 사실이다. 어반베이스의 경우 주주 93.8%의 동의를 받아 적법한 절차를 거쳐 회생을 결정했음에도, 결국 창업자 개인이 막대한 책임을 떠안게 되었다.

투자자의 유형에 따라 헤어짐의 모습도 달라진다. 일반 벤처투자사들은 포트폴리오 전체의 수익률을 관리하며, 실패한 창업자의 재도전 가능성까지 고려하는 경향이 있다. 반면 신기술사업금융업자신기사와 같은 금융권 투자사들은 손실 방지에 더 중점을 두어, 투자보다는 대출의 관점으로 접근하는 경향이 있다.

벤처투자의 본질

벤처 투자의 본질은 '위험을 감수하는 모험자본'이며, 창업자 개인에게 투자금 반환을 요구하는 것은 이러한 본질에 반하는 행위다. 실리콘밸리에서 찾아보기 힘든 이러한 관행은 한국 스타트업 생태계의 건강한 발전을 저해하는 심각한 위험 요소가 될 수 있다.

물론 투자 계약 시점부터 이러한 위험을 인지하고 신중하게 접근하는 것이 중요하다. 그러나 현실적으로 투자 유치가 절실한 창업자들이 불리한 조항을 거부하기는 쉽지 않다. 결국 이는 개별 창업자의 노력만으로는 해결하기 어려운, 제도적 차원의 문제라고 할 수 있다.

한국의 창업 생태계가 진정한 도전과 혁신의 장이 되기 위해서는 실패를 용인하고 재도전을 장려하는 문화가 정착되어야 한다. 창업자 개인에게 과도한 책임을 전가하는 현행 관행의 개선이 필수적이며, 이는 단순히 계약의 문제를 넘어 법제도적 보완이 수반

4

되어야 할 것이다.

결국 투자자와 창업자의 헤어짐은 서로에 대한 존중과 이해를 바탕으로, 새로운 도전을 위한 출발점이 되어야 한다. 이는 개별 당사자들의 문제를 넘어, 한국 창업 생태계 전체의 지속가능한 발전을 위한 핵심 과제가 될 것이다.

창업자

"창업의 레이스를 멈춰야 할 때"

초기에 마음속에 정한 목표금액들은 다들 있다

초기 창업 시점에 대부분의 창업자들은 '이 정도면 경제적 자유를 얻을 수 있을 것'이라는 나름의 목표 금액을 마음에 품고 있다. 물론 사회적 문제 해결을 위해 자신의 인생관과 회사의 비전을 일치시켜 사업을 지속하는 대표들도 많지만, 대부분은 마음 한 켠에 가족들과 함께 누릴 경제적 자유를 꿈꾸며 사업을 시작한다. 이는 결코 잘못된 것이 아니며, 오히려 돈이라는 요소가 회사를 이끌어 가는 중요한 동기부여가 될 수 있다.

그러나 회사가 성장함에 따라 이러한 목표 금액에 대한 인식이 변화하게 된다. 처음에는 50억이면 충분할 것 같았던 금액이, 회사에 100억 이상의 투자금이 유입되기 시작하면 상대적으로 작게 느껴지기 시작한다. 물론 회사의 운영 자금 100억과 개인 자산 50억은 본질적으로 다른 개념이지만, 창업자가 다루는 금액의 규모가 커짐에 따라 체감하는 금액의 크기도 달라지게 되는 것이다.

또 다른 경우로는, 당초 목표했던 50억이라는 금액이 사업 성장 과정에서 투입한 시간, 노력, 고통의 대가로는 너무 작다고 느끼게 되어 500억, 1000억과 같은 더 큰 금액을 목표로 재설정하는 창업 자들도 있다.

문제는 이처럼 회사나 개인의 경제적 가치를 지나치게 높게 설정한 창업자들이 종종 회사와 쉽게 결별하지 못하는 상황에 처한다는 점이다. 더 나아가 일부 창업자들은 회사와 함께 좋지 않은 결말을 맞이하거나, 심지어는 회사와 함께 소멸하며 실패의 길을 걷게 되는 경우도 발생한다.

헤어질 수밖에 없는 창업자와 회사

창업자는 언젠가는 회사와 헤어지는 상황이 필연적으로 발생한다. 이는 마치 모든 인간이 죽음을 피할 수 없는 것처럼 자연스러운 과정이다. 회사는 영속할 수 있지만, 대표자는 영원할 수 없다는 현실을 받아들여야 한다.

이러한 상황을 부정적으로만 바라볼 필요는 없다. 창업자들이 가진 능력은 각자 다르며, 기업의 성장 단계별로 요구되는 리더의 역량도 다르다. 초기 창업자는 무에서 유를 창조해 내는 능력이 뛰어나고, 어느 정도 투자를 받은 단계의 사업가는 조직을 구조화하고 시스템화하는 데 능숙하며, 상장사 CEO나 전문경영인은 대관업무와 글로벌 이해관계를 포괄하는 운영 능력을 갖추고 있다. 한 사람이 이 모든 단계에 필요한 역량을 갖추지 못하는 것은 지극히 자연스러운 일이다. 물론 각 단계마다 진화하는 극소수의 창업자도 있지만, 이는 매우 예외적인 경우라고 볼 수 있다.

이러한 개인적 성장의 한계에 직면했을 때 중요한 것은 회사와 자신을 분리해서 바라보는 시각이다. 회사와 자신을 동일시하는 순간, 회사의 성장 가능성도 개인의 역량이라는 틀 안에 갇혀버리게 된다. 오히려 새로운 역량을 가진 인재를 영입하여 회사가 다음 단계로 도약할 수 있도록 돕는 것이 진정한 창업자의 역할일 것이다.

이러한 일련의 과정에서 회사와의 헤어짐이 발생할 수 있다. 금전적 보상으로 아쉬운 수준일 수도 있고, 자식을 떠나보내는 것 같은 심적 고통이 따를 수도 있다. 하지만 모든 만남에는 헤어짐이 있기 마련이며, 이러한 헤어짐을 통해 인생의 또 다른 새로운 만남과 기회가 열릴 수 있다.

따라서 창업자들은 이러한 헤어짐을 자연스러운 과정으로 받아들이고, 이를 새로운 시작의 기회로 삼는 긍정적인 자세가 필요하다.

창업자들이 자신의 회사를 매각하거나 사업을 종료하는 시점에서 선택하는 새로운 삶의 방향은 크게 3가지 형태로 나타난다.

첫 번째는 초기투자자나 자선사업가로서의 삶이다. 이들은 자신이 축적한 부와 경험을 사회에 환원하는 데 초점을 맞춘다. 후배 창업자들을 양성하거나 지역사회 발전에 기여하는 등 의미 있는 사회적 가치를 창출하는 데 주력한다.

두 번째는 투자자로의 전환이다. 이는 단순히 투자 분야에 대한 전문성을 살리기 위한 선택일 수도 있고, 창업 과정에서 느꼈던 투자자의 삶에 대한 호기심과 동경이 그 동기가 되기도 한다. 창업자로서의 경험은 투자 결정에 있어 독특한 통찰력을 제공할 수 있다는 점에서 의미 있는 선택이 될 수 있다.

세 번째는 새로운 창업에 도전하는 경우다. 자선사업가나 투자자의 길을 걸었던 많은 창업자들도 결국 새로운 창업으로 회귀하는 경향을 보인다는 것이다. 타고난 창업가Born to be entrepreneur는 없을지 모르나, 한 번 경험한 창업의 희열을 다시 느끼고 싶어 하는 이들은 많다.

창업자의 여정은 한 회사의 매각이나 사업 종료로 끝나는 것이 아니라, 각자의 경험과 가치관에 따라 새로운 형태로 계속 이어지며 창업 생태계 안에서 의미 있는 역할을 계속해서 수행하는 것이다.

상장하거나 사라지거나

투자자의 시각

IPO는 한국 투자 시장에서 가장 이상적인 투자금 회수 방법이며, 회사의 가치를 시장에서 정당하게 평가받을 수 있는 기회입니다. 또한 타 회사로의 M&A 역시 중요한 회수 전략 중 하나입니다.

창업자와의 이별은 새로운 투자 기회의 시작 이기도 합니다. 통상 성공한 창업자는 다음 창업에서 더 큰 성공을 이루는 경우가 많습니다. 따라서 성공적으로 엑시트한 창업자가 다시 창업을 할 때 처음으로 찾게 되는 투자자로 기억되는 것이 중요합니다.

창업자의 시각

주식시장의 상장이 반드시 최선의 선택인 것은 아니며, 때로는 적절한 규모를 유지하며 안정적으로 성장하는 것이 기업을 위해 장기적으로 더 나은 선택일 수 있습니다. 물론 M&A는 단순한 매각이 아닌 새로운 도약의 기회가 될 수 있으며, 이를 통해 더 큰 성장을 이룰 수 있습니다.

투자자 그리고 창업한 회사와의 이별은 끝이 아닌 창업자 개인의 삶의 새로운 시작점일 것입니다. 실제로 많은 선배 창업자들이 새로운 회사를 창업하여 다시 창업자의 삶을 살기도 하고, 반대로 이번엔 투자자의 삶으로 지내며 스타트업 생태계를 함께 만들고 있습니다.

상장을 꼭 해야 할까?

상장을 해야 하는 이유에 대하여

"상장을 왜 해야 하나요?"는 투자자가 창업자에게 듣는 질문 중에 참 답하기 어려운 질문이다. 실제로 돈을 적당히 벌면서 상장을 안 가거나 좀 나중에 가겠다고 하는 회사도 매우 많다. 투자를 받기 전에는 "상장 무조건 가야죠" 하지만, 정작 상장에 가까워질 때 상장을 가야하는 이유에 대해서 근본적으로 의문을 가지는 창업자는 의외로 많다.

사실 엑시트라는 말은 투자자에 조금 더 무게가 가 있는 말이 맞다. '원활한 엑시트를 위해서 상장을 가야 합니다'는 온전히 투자자 입장에서의 상장을 해야 하는 이유이지, 창업자에게는 전혀 와닿지 않는다. 따라서 여기서는 창업자가 상장을 해야 하는 이유에 대해서 개인적인 생각을 조금 적어보고자 한다.

상장에 대해서 생각하기 전에 창업자가 회사에 대해 가지고 있

4

는 생각을 정리할 필요가 있다. 회사의 사이즈가 크든 적든 창업자가 생각하기에 만족할 만한 영업이익을 꾸준히 내고 있다면, 굳이 상장을 갈 필요는 없다. 즉, 적당히 먹고살 만하거나 현재 나오는 영업이익으로도 충분히 신사업을 꾸릴 수 있고 딱히 한번에 들어오는 큰돈이 필요 없다고 생각하면 창업자 입장에서 상장의 당위성은 매우 떨어진다. 상장이라는 것은 어찌됐든 기업을 공개하는 일이고, 공개를 하게 되면 매 분기 실적보고와 주가나 평판 등 신경 써야 하는 소위 귀찮은 일이 더 많게 느껴질 수 있다. 그렇다면 왜 이 귀찮은 일을 감안하고라도 왜 상장을 해야 할까?

개인적으로 다음에 해당되면 상장을 고려해야 한다고 생각한다.

첫째, 회사를 더 크게 성장시키고 싶을 때이다. 상장은 사실 중간 과정일 뿐, 회사는 지속해서 성장해 가야 한다. 회사가 지속적으로 성장하기 위해서는 분명 중간중간 모멘텀이 필요한데, 상장은 꽤나 좋은 모멘텀이 된다. 상장 시점에 한번에 많은 공모자금이 들어오는 것도 중요한 모멘텀이지만, 개인적으로는 그 이후에 받을 수 있는 혜택이 더 많다고 생각한다. E-나라지표에 따르면 대한민국에 상장회사 개수는 계속 늘어나고 있지만 채 2,500개가 되지 않는다. 2022년 말 기준 사업체 수가 600만 개가 넘는 것을 감안하면 0.05%가 되지 않는 사업체만이 상장되어 있다. 그만큼 상장사의 수는 매우 적고,

그만큼 상장사와 상장사의 대표는 기존과 매우 다른 대우를 받을 수밖에 없다. 금융기관에서의 대우도 다르고, 시장에서의 대우도 다르다. 임원 및 직원들의 사기도 다르고, 대표이사의 책임감도 달라지는 만큼 상장은 꽤나 좋은 모멘텀이 된다.

둘째, 고생한 직원과 부를 같이 누리고자 할 때이다. 회사가 어느 정도 성장하게 되면, 창업자는 꽤나 만족할 만한 부를 얻게 되는 경우가 많다. 하지만 직원은 다르다. 회사의 성장을 위해 능력 있는 좋은 직원들을 영입하면서 그들에게 지급했던 스톡옵션은 일반적으로 상장을 하지 않으면 크게 의미 없는 경우가 많다. 회사가 성장하는 중에는 창업자, 직원 모두가 항상 같이 부를 꿈꾸며 회사의 성장에 올인하지만, 어느 순간 서로 생각하는 골인지점이 달라지면 직원은 회사의 미래에 불안을 느끼게 되고, 결국 회사를 떠나게 된다. 특히 능력 있는 직원일수록 스스로의 기회비용 계산에 따라 언제나 이직이라는 옵션이 열려 있는 만큼, 회사는 지속 성장을 위해 그들을 잡는 노력을 항상 해야 한다. 상장은 좋은 인력에게 회사가 줄 수 있는 최고의 경험이자 포상이다.

상장을 자신의 골인지점으로 생각하는 창업자들도 많다. 상장 후 그간의 고생에 대한 보상이라 여기고 스스로 풀어지면서 회사가 안 좋아지는 경우도 많다. 하지만 창업자라면 자신이 만든 회사에 대한 애착과 그 회사가 꾸준히 성장하는 모습을 누구나 꿈

끈다.

 상장은 결국 같이 성장하기 위해 하는 것이다. 상장은 회사의 체력과 안정성을 키우는 일이고, 양질의 수많은 파트너를 구축하는 방법이다. 또한 회사 구성원들의 프라이드를 고취시킴으로써 회사가 더욱 영속할 수 있는 선순환 구조를 만들어줄 수 있다. 혼자 가는 것보다 같이 갈 때 멀리 갈 수 있는 만큼, 멀리 갈 생각이 있다면 상장을 고려해 보는 것이 좋다.

에필로그
전석우

'책을 써 보는 건 어때?'

차를 마시던 중 존경하던 형님이 갑작스럽게 던진 말이었다.

주택가 사이에 있는 카페에서 두 명의 사내들이 앉아 이야기를 하고 있었다. 뜨겁다는 이유로 입도 대지 않은 커피가 다 식을 때까지 서로 투자, 스타트업, 기술 그리고 삶의 철학 등 그간 쌓아 놓은 이야기를 성토하고 있었다.

최근에 읽은 책 이야기를 나누던 중 미국 아마존에서 창업자, 투자자와의 '간극'에 대한 책이 있다고 이야기를 하자 그 형님이 이어서 이야기를 했다.

'창업자와 투자자에 대한 이야기를 한국 버전으로 쓰는 거야!'

회사의 업무로 스타트업에 직접투자를 하거나 간접투자 형태의 펀드출자를 진행했고, 개인적으로는 초기 기업들에게 엔젤투자도 진행한 경험이 있었기에 창업자들과 개인적인 친분을 많이 쌓고 있었다. 물론 스타트업 창업을 위한 몇 번의 사이드 프로젝트도 진행했었다. 결과적으로 두 집단의 사이에서 일을 해 본 입장에서 나는 투자자와 창업자 간의 '간극'을 실제로 가장 많이 느끼고 있었다. 마침 육아휴직을 준비 중이었기에 책을 쓸 수 있는 환경도 마련되었기에, 이때부터 과거에 만나 본 투자자, 창업자들의 이야기와 개인의 경험을 엮어서 글을 작성하기 시작했다.

투자자들과 창업자들을 만나 보면 둘 다 맞는 말을 하고 있는 경우가 많다. 문제는 '본인들의 입장에서는 맞는 말이지만 상대방의 입장에서는 다른 말일 수도 있다는 사실'을 쉽게 인정하지 않는 경우가 있다. 투자자와 창업자는 서로 속한 조직이 추구하는 목적이 다름에도 불구하고 투자자는 창업자에게 '투자자처럼 생각하기'를 원하고, 창업자들은 투자자들에게 '창업자처럼 살아가기'를 원하는 경우가 많기 때문이다.

따라서 누구의 말이 '정답'이라고 이야기하기는 불가능하다. 세상 모든 사람이 전부 다 투자자가 될 수 없고, 전부 다 창업자가 될 수 없기 때문이다.

개인마다 삶에서 중요하다고 여기는 가치관이 다르다는 사실을 인정해야 한다. 모든 사람이 추구하는 삶은 다르다는 '삶의 다양성'을 인지해야 투자자의 말과 창업자의 생각을 이해할 수 있게 된다.

이 책은 주변의 도움으로 만들어진 책이다. 열정적인 창업자들,

뛰어난 투자자들, 스타트업 생태계 성장을 위해 활동하고 계신 존경하는 분들, 같이 일하고 있는 그리고 함께했던 회사의 선후배들 덕분에 글을 쓸 수가 있었다. 이 글을 빌어 책을 쓸 수 있도록 혜안을 나눠 주신 모든 분들에게 깊은 감사의 말을 전한다.

마지막으로 내가 하는 일에 늘 무한한 응원을 보내주시는 존경하는 부모님, 장인어른, 장모님에게 그리고 내 삶의 이유인 사랑하는 아내와 세상에서 제일 소중한 인찬이와 소예에게 이 책을 바친다.

에필로그
투잘

    스타트업 업계에서 직접 초기 멤버로 일해보기도 하고, 이후 투자자로 활동하면서 다양한 경험을 해왔다. 지난 10여 년 동안은 수십 건, 수백억 원 규모의 투자를 진행하며 많은 창업자들을 만났다. 세상에는 뛰어난 사람들이 정말 많았고, 그들에게서 무언가를 배우려 했으며, 공통점을 찾고자 노력했다. 그렇게 나 자신도 조금씩 성장해 왔다고 생각한다.

    창업자들은 하나같이 세상을 바꾸고 싶어하고, 의미 있는 가치를 만들고 싶어한다. 어쩌면 당연한 이야기지만, 그것이 단순한 구호가 아니라는 점을 가까이에서 지켜보며 실감했다. 한때 유행처럼 번졌던 'Make the world a better place'라는 문장은 여전히 나를 설레게 한다. 창업자들이 그런 꿈을 꾸는 것이 좋았고, 투자자로서 그 비전에 동참할 수 있다는 점이 행복했다.

    그러던 중, 나 역시 어떻게 세상에 기여할 수 있을지 고민하게 되었다. 마침 친구가 함께 책을 써보자는 제안을 했고, 좋은 기회가 찾아왔다. 그리고 이를 계기로 내 생각을 정리해 보기로 했다. 특히 익명이라면 더욱 솔직하게 이야기할 수 있을 것 같았다.

이 책은 투자자라는 존재를 조금 더 이해하는 데 도움이 되길 바라며 썼다. 투자자는 어떤 기준으로 결정을 내리는지, 어떤 고민을 하는지, 창업자들에게 실질적으로 어떤 조언을 줄 수 있는지를 정리했다. 투자자와의 만남이 쉽지 않은 창업자들이 투자자에 대한 이해를 통해 그들의 사업을 성공시켜 나가는 데 조금이라도 도움이 되었으면 한다.

물론, 이 책의 내용은 어디까지나 개인적인 경험과 생각을 바탕으로 한 것이다. 하지만 개인적으로 세상이 빠르게 변화하는 과정 속에서 투자 분야와 투자 스타일은 바뀔 수 있지만, 투자 철학만은 바꾸지 않으려고 노력해 왔다. 그래서 나는 언제나 사람에 집중했고, 그들의 꿈에 집중했고, 세상에 도움이 되는 투자를 하고자 했다. 투자 성과는 늘 좋을 수만은 없었고 어떤 투자에서는 성과를 냈고, 어떤 투자에서는 아쉬움을 남겼다. 하지만 적어도 투자에 대해 후회 없는 결정을 하려고 노력해 왔다.

그래서 이 책도 쉽게 변하지 않을 내 생각을 중심으로 썼다. 누군가가 이 글을 1년 뒤에 다시 읽었을 때, "이건 더 이상 투잘이의 생각이 아니다"라고 한다면 의미가 없지 않겠는가. 내가 해왔던 고민과 투자자로서의 철학이 흔들리지 않는다면, 이 책 역시 시간 속에서 가치를 유지할 수 있을 것이라 생각한다. 혹시 동의되지 않는 부분이 있다면, "투잘이는 왜 이런 생각을 하게 되었을까?"라고 한 번쯤 생각해 주었으면 한다. 그 질문 속에서 새로운 답을 찾을 수도 있지 않을까?

'투잘'이라는 닉네임에는 두 가지 의미가 있다. 투자자로서 창업자들과 재잘재잘 대화하고 싶은 마음, 그리고 투자를 더 잘하고 싶은 마음. 2022년 이후, 스타트업 업계는 어려운 시기를 지나고 있다. 창업자도, 투자자도 모두 쉽지 않은 시간을 보내고 있다. 하지만 서로 많은 대화를 통해 협력해 간다면 결국은 이 시간을 지나 더 강해질 것이라 믿는다.

개인적으로 모든 창업자는 존경받아 마땅하다고 생각한다. 사업을 시작한다는 것은 단순한 아이디어나 열정만으로 되는 일이 아니다. 불확실한 미래를 감수하고, 온 힘을 다해 세상을 바꿔보려는 사람들이다. 그 길이 쉽지 않다는 것을 알기에, 나는 모든 창업자를 진심으로 존경한다. 모두 예비창업자들, 그리고 지금 창업자로서 세상을 바꿔 보고자 하는 사람들, 모두 힘내길 바란다. 나도 최선을 다해서 응원하겠다.